KB273237

네 주인은 누구인가

A. W. 토저 마이티 시리즈(A. W. TOZER Mighty Series)

토저는 교인수의 성장을 위해서라면 대중의 인기에 야합하고, 거대 기업의 경영방식을 무차별 차용하고, 할리우드 엔터테인먼트 방식을 예배에 도입하는 것에 대해 통렬한 비판을 가하였다. 그는 현대의 교회가 물량적 성장을 위해서라면 교회의 순결성을 포기하는 듯한 자세를 보일 때는 그것을 좌시하지 않고 언제나 선지자의 음성을 발하였다. 듣든지 안 듣든지 이스라엘 교회의 세속화를 준열히 책망했던 예레미야처럼, 토저도 시대에 아부하지 않고 하나님교회의 순정성(純正性)을 파수하기 위해 '강력한'(Mighty) 말씀을 선포했다. 그래서 토저는 '이 시대의 선지자'라는 평판을 들었다. 토저가 신앙의 개혁을 위해 외쳤던 뜨겁고 강력한 메시지를 이 시대의 우리도 들어야 한다. 말씀과 성령에 의한 개혁이 절실히 필요한 이때, 규장에서 토저의 강력한(Mighty) 메시지들을 'A. W. 토저 마이티(Mighty) 시리즈'로 출간한다.

"토저의 설교는 설교단에서 발사되어 청중의 마음을 관통하는 레이저 광선과 같다." — 워런 위어스비

네 주인은 누구인가

A. W. 토저 지음 | 이용복 옮김

규장

네 주인 앞에서 마음을 낮추라

PART 02

끝없는 사랑을 부어주시는 주인께 충성하라

PART 03

네 주인께
순종을 보이라

PART 01

우리는 하나님이 하나님이시고, 우리는 인간이라는 사실을 기억해야 한다. 하나님은 주권자이시고 우리는 피조물이다. 하나님은 창조주이시기 때문에 우리에게 순종하라고 명령할 권리를 갖고 계신다. 하나님께 순종하는 것은 즐거운 일이다. 주님은 "내 멍에는 쉽고 내 짐은 가벼움이라"라고 말씀하신다.

하나님의 계명에 순종할 때 지고의 행복을 맛본다

하늘의 천사들이 완전한 자유와 최고의 행복을 맛볼 때는 하나님의 계명에 순종할 때이다.
그들은 하나님께 순종하는 것을 폭정에 시달리는 것으로 여기지 않고 오히려 기쁨으로 여긴다.

"너희가 순종하는 자식처럼 이전 알지 못할 때에 좇던 너희 사욕을
본 삼지 말고"(벧전 1:14).

성경은 그리스도의 인격과 그리스도께서 하나님께 받은 중
요한 임무가 인간의 변덕스러운 기분에 따라 구분되거나 무시
될 수 있다고 가르치지 않는다.

나는 오늘날 우리가 간과해서는 안 될 이단들이 교회들에 많
이 침투해 있다고 느낀다. 널리 받아들여진 이 이단 종파들은
이렇게 말한다.

"인간에게는 그리스도라는 구주(救主, Savior)가 필요하기 때

문에 우리는 그리스도를 영접할 수 있다. 그러나 우리는 그리스도를 주(主, Lord)로 모시어 그리스도께 순종하는 일을 원하는 만큼 뒤로 연기할 수 있다. 우리에게는 이런 권리가 있다."

이런 잘못된 생각은 그리스도인의 제자도(弟子道)와 순종에 대한 오해에서 비롯되었다. 우리는 온전한 복음이 담겼다고 하는 기독교 서적들에서도 이런 잘못된 생각을 종종 발견할 수 있다. 사실 나 자신도 전에는 이런 잘못된 생각을 전했다. 열심히 기도하고 이 문제에 대해 부지런히 연구하고 묵상하기 전에 말이다.

내가 처음 믿음을 갖기 시작할 때, 나는 "우리는 그리스도를 우리의 구주(구출자)로 영접함으로써 구원받는다. 그런 다음 우리는 그리스도를 우리의 주인님(주님)으로 영접함으로써 거룩하게 된다. 우리는 후자(後者) 없이도 전자(前者)를 이룰 수 있다"라고 배웠다. 그러나 이런 견해는 대폭 수정되어야 한다. 그래야 우리가 오류에서 벗어날 수 있기 때문이다.

순종 없는 구원은 없다

성경은 순종 없는 구원을 가르치지 않는다. 베드로는 이 점을 분명히 밝힌다. 그는 우리가 "하나님 아버지의 미리 아심을 따라 성령의 거룩하게 하심으로 순종함과 예수 그리스도의 피뿌림을 얻기 위하여 택하심을 입은 자들"(벧전 1:2)이라고 말한다. 그러나 현재 우리에게 들리는 복음은 어떤 복음인가? 안타깝게도 이런 호소가 우리 귀에 자주 들린다.

"예수께 나오십시오! 당신은 누구에게도 순종할 필요가 없습니다. 아무것도 바꿀 필요가 없습니다. 무엇을 포기하거나 돌려줄 필요가 없습니다. 단지 예수께 나아와 예수님을 구주로 믿으십시오!"

이런 말을 듣고 사람들이 와서 예수님을 영접한다. 그런 다음 그들은 전도 집회나 부흥회에서 이런 말을 듣는다.

"당신이 그리스도를 구주(구출자)로 영접했으므로 이제 예수님을 당신의 주님(주인님)으로 받아들이는 것이 어떻겠습니까?"

이런 이야기가 곳곳에서 들린다고 해서 그것이 옳은 말은 아니다. '부분적 그리스도'를 믿으라고 사람들에게 촉구하는 것은 잘못된 것이다. 우리는 '반쪽 그리스도', '3분의 1의 그리스도' 혹은 '4분의 1의 그리스도'를 믿을 수 없다. 우리는 예수님의 직무나 사역을 믿음으로써 구원받는 것이 아니다.

나는 종종 선한 의도를 가진 기독교 사역자들이 "예수께 와서 완성된 사역을 믿으십시오!"라고 말하는 것을 듣는다. 그러나 그런 사역이 당신을 구원하는 것은 아니다. 성경은 우리에게 직무나 사역을 믿으라고 가르치지 않는다. 성경은 주(主) 예수 그리스도, 즉 그 일을 이루시고 그런 사역을 담당하시는 분을 믿으라고 가르친다.

베드로가 초대교회 당시 곳곳에 흩어져 박해 받고 있던 그리스도인들에게 순종을 강조한 것에 주목하라. 베드로는 그리스도인 형제자매들을 "순종하는 자식"(벧전 1:14)이라고 칭했다. 이 점이 매우 중요하다. 사실 그는 그들에게 순종하라고 명령하거나 권면하지 않았다. 다만 그는 "나는 너희가 신자라고 믿기 때문에 너희가 순종할 것이라고 믿는다. 그러므로 너희는 순종하는 자녀로서 이렇게 또는 저렇게 행해야 한다"라는 취지로 말한 것이다.

당신의 주인은 누구이신가?

사랑하는 자여! 나는 성경 전체가 순종을 가르친다는 것을 거듭 강조하고 싶다. 나는 그리스도인의 삶에서 가장 준엄하게 요구되는 것이 순종이라는 점을 지적하고 싶다. 순종 없는 구원은 없다. 왜냐하면 순종 없는 구원은 모순된 것으로서 그 자체가 불가능하기 때문이다. 하나님의 권위에 반역하는 것이 죄의 본질이다.

하나님은 아담과 하와에게 "선악을 알게 하는 나무의 실과는

먹지 말라 네가 먹는 날에는 정녕 죽으리라 하시니라"(창 2:17)
라고 말씀하셨다. 이것은 하나님께서 자유의지를 가진 인간에
게 순종을 요구하신 것이었다. 하나님께서 그렇게 강력하게 명
령하셨음에도 불구하고 아담과 하와는 손을 뻗어 선악과를 따
먹었다. 이것은 하나님께 대한 불순종이요, 반역이요, 범죄행
위였다.

바울은 로마서에서 "한 사람의 순종치 아니함으로"(롬 5:19)
라고 말한다. 이것은 성령께서 바울 사도를 통해 분명히 말씀
하신 것이다. 한 사람의 불순종으로 말미암아 인류에게 멸망이
임한 것이다!

요한복음의 교훈에 따르면, 죄는 불법이며 하나님의 법에 대
한 불순종이다. 에베소서에서 바울이 그리는 죄인의 모습은 무
엇인가? 한마디로 말해서, 세상 사람들은 "불순종의 아들들"
(엡 2:2)이라는 것이다. 세상 사람들은 불순종하는 자식의 특징
을 보이고, 불순종의 습관에 빠져 있고, 불순종을 체질화한다.
불순종이 그들의 본성이 되어버렸다.

이런 사실을 고려할 때, 우리는 인류를 향해 "당신의 주인은
누구이신가?"라는 지극히 중요한 질문을 던질 수 있다. 이 질
문을 세 가지로 나누어 정리하면 다음과 같다.

나는 누구에게 속했는가?

나는 누구에게 충성해야 하는가?

나에게 순종을 요구할 권세를 가진 분은 누구이신가?

나는 누군가(또는 무엇)에게 순종하는 것을 가장 힘들어하는 사람들이 바로 현대인이라고 생각한다. 현대인은 자기들이 '자유의 아들들'이라고 믿고 있다. 오늘날 우리는 "자유가 아니면 죽음을 달라"라고 말하기에 이르렀다. 현대인의 핏속에 이런 정신이 흐르고 있기 때문에 누군가 그들에게 "당신은 순종해야 합니다"라고 말하면 그들은 불쾌하다는 반응을 보인다.

사실 누군가에게 순종해야 한다고 생각하면 불쾌한 기분이 드는 것이 인간의 본능이다. 따라서 세상 사람들에게 "당신은 누구에게 속했습니까?" 또는 "당신은 누구에게 순종해야 합니까?"라고 물을 때, 그들이 즉시 "나는 나 자신에게 속했습니다. 아무도 내게 순종을 요구할 수 없습니다"라고 대답하는 것은 당연한 일이다.

유일한 권리

우리 세대는 "내가 나의 주인이다"라는 철학으로 아주 많은 것들을 해석하면서, 이것에 '개인주의'라는 이름을 덧붙였다. 그리고 개인주의에 근거하여 우리는 자결(自決)의 '권리'를 주장한다.

비행기가 어디로 가야 할지를 결정하는 사람은 비행기의 조종석에 앉은 조종사이다. 그가 목적지를 결정한다.

만일 하나님께서 인간을 단지 기계로 만드셨다면 우리에게는 자결권(自決權)이 없을 것이다. 그러나 하나님께서는 인간을 하나님의 형상대로 지으시고 도덕적 피조물로 만드셨기 때문에 우리에게는 자결의 '능력'이 주어졌다.

내가 주장하고 싶은 것이 이것이다. 하나님께서 우리에게 자결의 '능력'만을 주셨기 때문에 우리에게는 자결의 '권리'가 없다. 우리는 '악을 선택할 수 있는 능력'을 갖고 있지만 '악을 선택할 수 있는 권리'는 갖고 있지 않다. 바로 이 점과 하나님이 거룩하신 분이라는 점을 고려할 때, 우리는 거짓말을 할 수 있는 권리가 우리에게 있다고 주장할 수 없다. 우리에게는 거짓말을 할 수 있는 능력이 있지만, 거짓말을 할 수 있는 권리는 없다.

우리에게는 도둑질을 할 수 있는 능력이 있다. 예를 들어, 나는 상점에 가서 현재 내가 갖고 있는 외투보다 더 좋은 외투를 슬쩍 집어 들고 나올 수 있다. 그러나 내게는 그렇게 할 수 있는 권리가 없다.

나는 칼이나 총을 사용하여 다른 사람을 죽일 수 있지만, 내게는 그렇게 할 수 있는 권리가 없다. 그렇게 할 수 있는 능력만 있을 뿐이다.

사실 우리에게는 선해질 수 있는 권리만 있고 악해질 수 있는 권리는 없다. 하나님께서 선하신 분이기 때문이다. 거룩해질 수 있는 권리가 우리에게 있지만, 거룩하지 못한 존재가 될 수 있는 권리는 없다. 만일 당신이 거룩하지 못하다면 당신은 '당신의 권리가 아닌 권리'를 사용하고 있는 것이다. 아담과 하와는 선악과를 따 먹을 권리가 자기들에게 없었지만 실제로 그렇게 했다. 이로써 그들은 '자신들의 권리가 아닌 권리'를 행사한 것이다.

시인 테니슨(Alfred Tennyson, 1809~1892. 영국의 계관시인)은 이것을 깨달은 것으로 보인다. 그는 자신의 글 〈인 메모리엄〉(In Memoriam)에서 "우리의 의지(意志)가 우리의 것인데, 왜 그런지는 우리도 모릅니다. 우리의 의지가 우리 것인 까닭은 그것을 주께 드리기 위함입니다"라고 썼다.

인간의 자유의지는 매우 신비로운데, 이것은 우리의 이해력을 완전히 초월한다. 테니슨도 "왜 그런지는 우리도 모릅니다"라고 고백했다. 뿐만 아니라 "우리의 의지가 우리 것인 까닭은 그것을 주께 드리기 위함입니다"라고 덧붙였다!

우리에게 있는 유일한 권리는 우리의 의지를 하나님께 드리고 하나님의 의지에 따르는 것이다.

황당한 교리

우리는 하나님이 하나님이시고, 우리는 인간이라는 사실을 기억해야 한다. 하나님은 주권자이시고 우리는 피조물이다. 하나님은 창조주이시기 때문에 우리에게 순종하라고 명령할 권리를 갖고 계신다. 하나님께 순종하는 것은 즐거운 일이다. 주님은 "내 멍에는 쉽고 내 짐은 가벼움이라"(마 11:30)라고 말씀하신다.

이와 관련해서 나는 "우리가 반쪽 그리스도와 관계를 맺는 일은 얼마든지 가능하다"라는 주장에 대해 또다시 언급하겠다. 이런 주장이 우리 가운데 만연해 있기 때문에 이런 주장에 반대하거나 이의를 제기하는 것은 사방에서 날아오는 화살에 자신을 노출시키는 것만큼 위험한 일이다.

어떻게 당신은 우리 주 예수 그리스도께서 주님(주인님)이 아니라 단지 구주(구출자)이실 뿐이라고 주장할 수 있는가? 어떻게 당신은 우리의 주권자이신 주(主)께 순종하지 않고도 구원받을 수 있다고 가르칠 수 있는가?

우리가 예수님을 믿는다고 할 때, 우리는 우리 주 예수 그리스도의 전부(주인님과 구출자로서)를 믿어야 한다. 그리스도의 어떤 부분을 빼고 예수님을 믿어서는 안 된다. 예수님을 일종의 '거룩한 의사'로 여기는 것은 완전히 잘못된 생각이다. 이런 사람들은 죄 때문에 병에 걸리면 주께 가서 고침을 받은 후에 "안녕히 계십시오"라고 인사를 드리고 나와서 또다시 자기 마음대로 산다.

이런 가정을 해보자. 내가 병원에 가서 간호사에게 "수혈이 필요합니다"라고 말하거나 "엑스레이를 찍어 봐야 합니다"라고 말했다고 하자. 그러면 의사와 간호사들은 여러 방법을 동원해 나를 치료할 것이다. 그런데 내가 진료를 받은 뒤, 돈을 한 푼도 안 내고 "안녕히 계세요"라고 인사하면서 병원을 나온다면 어떻게 될까? 내가 그들에게 아무 빚도 지지 않았고, 그들이 마음씨가 워낙 좋은 사람들이라 어려움에 처한 나를 도와준 것이라고 말하면서 말이다!

이런 얘기가 당신에게 다소 황당하게 들릴지 모르겠다. 그런데 이런 이야기는 오늘날 기독교에 만연한 '황당한 교리'가 어떤 것인지를 잘 보여준다. "그리스도를 주권자와 주인님으로 인정하지 않아도 되고, 그리스도께 순종하지 않아도 된다. 단지 어려울 때만 주님(주인님)을 구주(구출자)로 이용해라!"라는 것이 황당한 교리가 아니고 무엇이겠는가?

정당한 권위에 대한 도전

성경은 이런 잘못된 구원관을 가르치지 않는다. 우리가 예수님을 구출자로 이용하면서도 예수님을 주인님으로 인정하지 않을 수 있다고 가르치는 성경구절은 하나도 없다. 그리스도는 주인님이시며, 주인님으로서 우리를 구원하신다. 구주(구출자)와 그리스도와 대제사장과 지혜와 의(義)와 성화(聖化)와 구속(救贖)의 모든 직무가 그리스도의 것이다. 주님이 이 모든 것이시며, 이 모든 것이 그리스도 안에 구현되어 있다.

사랑하는 자여! 당신이 예수 그리스도께 나아가 "나는 주님의 이것은 취하지만 저것은 취하지 않겠습니다"라고 말하는 영악한 짓은 허락되지 않는다. 집에 들여놓을 가구를 구입할 때 "나는 이 식탁은 원하지만 저 의자는 원하지 않습니다"라고 말하듯이 주님을 대하는가? 그렇다면 당신은 결코 주께 나아갈 수 없다. 자기 입맛대로 고르는 것은 허락되지 않는다!

결코 안 된다. 그리스도를 전부 받아들이든지 아예 받아들이지 않든지 양자택일해야 한다.

우리는 온전한 그리스도를 세상에 전해야 한다. 좀 더 구체적으로 말해서, 세상을 향한 우리의 구차한 변명을 필요로 하지 않는 그리스도, 분할되지 않는 그리스도, 모든 것의 주(主)가 되시든지 안 되시든지 양자택일이 있는 그리스도를 전해야 한다.

진정한 구원은 창조주와 피조물의 관계가 회복되는 데 있다. 그것은 당신과의 교제를 요구하실 있는 하나님의 권리를 인정하는 것이기 때문이다. 이 사실을 깨닫는 것이 매우 중요하다.

오늘날 우리는 죄인의 상태에만 너무 초점을 맞추어 이야기하는 경향이 있다. 죄인의 불행, 죄인의 슬픔, 죄인의 무거운 짐, 이런 것들을 설명하는 데 너무 많은 시간을 투자하는 것이 우리의 현실이다. 물론 죄인이 이런 상태에 빠져 있는 것이 사실이다. 하지만 우리는 죄인의 이런 상태를 너무 강조하다가 정작 중요한 사실을 망각한다. 그 중요한 사실은 죄인이 정당한 권위에 도전한 반역자라는 사실이다.

정당한 권위에 대한 도전! 이것이 바로 죄의 본질이다. 우리는 반역자들이다. 우리는 불순종의 자녀들이다. 우리는 법을 어긴 자들이요, 반역한 자들이다. 우리가 죄인으로 머물고 있는 한 우리는 하나님의 정당한 법을 피해 떠도는 도망자들이다.

예를 들어보자. 어떤 죄수가 탈옥을 감행한다고 하자. 그 죄수의 탈옥은 결코 쉬운 일이 아니다. 어둠을 틈타 기어서 감옥을 빠져나가는 경우에 통나무와 돌과 담장에 부딪혀 고통을 느낄 것이다. 그 죄수는 추위와 배고픔과 피로와 싸워야 할 것이다. 그의 수염이 길게 자라고 때로는 몸에 경련이 일어날 것이다. 그러나 이런 것들은 그가 정의를 피해 달아나는 도망자요, 법을 어긴 반역자라는 사실에 비하면 부차적인 것에 지나지 않는다.

하나님 앞에서 죄인인 우리도 마찬가지이다. 죄인은 마음이 괴롭고 무거운 짐을 지고 살 것이다. 죄인은 죄의 짐에 짓눌려 고생스러울 것이다. 성경은 죄인의 이런 고통에 대해 지적한다. 하지만 이런 것들은 죄인이 하나님의 법을 어긴 반역자요, 하나님의 심판을 피해 다니는 도망자라는 사실에 비하면 부차적인 것이다.

죄인이 하나님께 반항하고 하나님의 심판을 피해 도망 다니는 것이 죄의 본질이다. 죄인이 불행과 슬픔과 죄책감에 시달리는 것은 죄의 본질이 아니다. 이런 것들은 죄의 결과일 뿐이다. 죄의 본질은 하나님께 대한 반역에 있다. 죄인은 "나의 주인은 나다. 내가 원하지 않기 때문에 나는 누구에게도 충성하지 않는다"라고 말한다. 이것이 죄의 본질이다!

그러나 감사하게도, 구원은 죄인의 이런 잘못된 태도를 고쳐 하나님과 죄인 사이의 관계를 바로잡는다. 그리하여 하나님께 돌아온 죄인의 입에서 제일 처음 나오는 고백이 "아버지여 내가 하늘과 아버지께 죄를 얻었사오니 지금부터는 아버지의 아들이라 일컬음을 감당치 못하겠나이다 나를 품꾼의 하나로 보소서"(눅 15:18,19)라는 탕자의 고백과 같을 수밖에 없다.

회개할 때 우리는 하나님과의 잘못된 관계를 바로잡고, 하나님의 말씀과 뜻에 온전히 순종할 수 있다.

사랑하는 자여! 도덕적 피조물의 행복이 어디에 있는가? 그것은 바로 하나님께 순종하는 데 있다. 시편기자는 시편 103편 21절에서 "여호와를 봉사하여 그 뜻을 행하는 너희 모든 천군이여 여호와를 송축하라!"라고 외쳤다. 하늘의 천사들이 완전한 자유와 최고의 행복을 맛볼 때는 하나님의 계명에 순종할 때이다. 그들은 하나님께 순종하는 것을 폭정에 시달리는 것으로 여기지 않고 오히려 기쁨으로 여긴다.

불순종의 세계

이제까지 나는 에스겔서 1장의 신비를 이해하려고 노력했지만, 아직도 그것을 다 알지는 못한다. 에스겔서 1장을 보면 네 얼굴과 네 날개를 가진 생물들이 이해하기 힘든 행동을 하는 것이 나온다. 그것들에게는 바퀴가 있는데, 바퀴 안에 또 다른 바퀴가 들어 있는 것처럼 보인다. 북방에서부터 불이 오고, 생물들은 앞으로 곧장 가며, 일부는 자신들의 날개들을 낮추고 펄럭인다. 이상하고 아름다운 존재인 이 네 생물들은 자신들의 삶을 전부 바쳐 하나님의 임재를 기뻐하고, 또 자기들이 하나님을 섬길 수 있는 것을 기뻐한다.

이런 하늘의 세계와 정반대인 곳이 바로 지옥인데, 지옥은 불순종의 세계이다. 지옥에 대해 여러 가지 이야기를 할 수 있겠지만, 지옥을 한마디로 표현하자면 그곳은 '반역의 세계'이다. 지옥은 하나님의 뜻에 순종하기를 거부하는 자들을 가두어놓은 앨커트래즈(미국 샌프란시스코 만에 있는 작은 섬으로서 거기에는 1934년부터 1963년까지 철통같은 교도소가 있었다)이다.

나는 천국이 하나님께 순종하는 자녀들의 세계인 것에 대해 하나님께 감사드린다. 천국의 문이 진주로, 천국의 길이 황금으로, 천국의 벽이 벽옥으로 만들어졌다는 성경말씀에 대해 다양한 해석을 내놓을 수 있겠지만 분명한 것은 이것이다. 그것은 바로, 천국이 천국인 까닭은 지극히 높으신 하나님의 자녀들이 '순종하는 도덕적 존재'로서 마땅히 있어야 할 곳에 있기 때문이라는 것이다!

예수님이 지옥에 불과 벌레들이 있을 것이라고 말씀하셨지만, 그런 것들 때문에 지옥이 지옥이 되는 것은 아니다. 어쩌면 우리는 지옥의 불과 벌레들이 주는 고통을 견딜 수 있을 것이다. 그러나 도덕적 존재가 "내가 반역자이기 때문에 지금 이 지옥에 있구나!"라고 뼈저리게 느끼는 고통이야말로 진짜 지옥이요, 진짜 심판이다. 지옥은 "나는 하나님께 빚진 것이 전혀 없다"라고 말하는 불순종의 자녀들을 위한 영원한 세계이다.

지금은 우리가 결단해야 할 때이다. 지금 우리 각 사람은 영원이라는 시간을 어디서 보내야 할지를 결정해야 한다.

정말 회심했는가?

당신은 자신이 거할 영원의 세계를 정해야 하는데, 이것은 지극히 중대한 문제이다. 이것은 일자리를 얻기 위해 면접을 통과하거나 학교에서 수료증을 얻기 위해 노력하는 것과는 비교할 수 없을 정도로 중요한 문제이다.

진지한 태도 없이 가벼운 발걸음으로 그리스도께 나아가 "주 예수님! 도움을 얻기 위해 주께 왔습니다. 저는 주님이 구주(구출자)이신 것을 압니다. 저는 주님을 믿어서 구원을 얻고 돌아가려고 합니다. 주님의 주권, 주께 대한 충성과 순종 같은 문제들에 대해서는 차차 생각해보겠습니다"라고 말씀드리는 것이 당신에게 허락될까? 결코 그렇지 않다! 경고하지만, 이런 식으로는 주께 도움을 얻을 수 없다. 그리스도께서는 그리스도의 명령을 따르지 않는 자를 구원하실 수 없다.

예수님은 자신의 직무를 분할하지 않으신다. 우리는 '반쪽 그리스도'를 믿을 수 없다. 우리는 '완전한 그리스도'를 믿어야 한다. 예수님은 기름부음을 받은 주(주인님)와 구주(구출자)이시요, 만왕의 왕이요, 만주(萬主)의 주(主)이시다. 만일 주님이 우리의 삶을 인도하고 통제하겠다는 의도 없이 우리를 택하고 구원하고 부르셨다면, 예수님은 우리의 주(Lord)와 구주(Savior)가 되실 수 없을 것이다.

사랑하는 자여! 나는 그리스도인의 삶과 체험이 더욱 성숙해져야 하고, 또 그렇게 될 수 있다고 믿는다. 그러나 당신이 알아야 할 것이 있다. 당신이 불완전한 구원관을 통해 불완전한 구원을 얻었는데, 그 위에 성숙한 삶과 체험을 쌓아올리겠다고 하는 것은 잘못된 생각이라는 것이다.

찰스 피니(Charles Finney, 1792~1875. 변호사 출신의 부흥사로서 미국에서 부흥의 불길을 일으켰다)나 존 웨슬리 같은 사람들이 인도하는 집회에서 하나님의 영(靈)이 역사하신다면, 자신의 전부를 하나님께 드리지도 않고 예수 그리스도를 주인님으로 영접하지도 않은 사람이 감히 일어나 "나는 그리스도인이다!"라고 말하는 일은 일어나지 않을 것이다. 자신의 전부를 하나님께 드리고 예수 그리스도를 주인님으로 영접한 사람만이 "나는 구원받았다!"라고 외칠 수 있다.

오늘날 많은 설교자들이 사람들에게 "장차 당신이 구원을 받는 데 있어서 성숙한 그리스도인의 삶이라는 조건이 추가된다 할지라도 (현재의 구원이 아무리 불완전하다 할지라도) 당신은 구원받은 것입니다"라고 가르친다.

그러나 예수 그리스도께 순종하지 않아도 된다는 생각은 지극히 잘못된 것이다. 당신이 구원을 위해 그리스도께 부르짖은 순간부터 줄곧 당신은 그리스도께 순종해야 하는 의무를 지고 있다. 만일 당신이 그리스도께 순종하지 않고 있다면 정말 회심(回心)했는지를 자문해보라!

나는 오늘날 그리스도인들이 행하고 있는 것을 보고 듣는다. 기독교 신앙을 가지고 있다고 고백하는 그들의 행위를 볼 때, 나는 '저들이 정말 회심했는가?'라는 의심이 생긴다.

사랑하는 자여! 이런 현상이 일어나는 일차적 원인이 무엇인가? 그것은 잘못된 교훈이다. 이것이 내가 내린 진단이다. 사람들이 믿고 있는 잘못된 교훈에 따르면, 주 예수님은 병원이시며 곤경에 빠진 불쌍한 죄인들을 고쳐주시는 총책임자이시다. 사람들은 "주님, 제가 제 뜻대로 살도록 저를 고쳐주소서!"라고 기도한다.

사랑하는 자여! 이것은 아주 잘못된 것이다. 이것은 자신을 속이는 짓이다. 우리 주 예수님을 바라보자! 면류관을 쓰고 높이 앉아 계신 거룩하신 주님을 바라보자! 만왕의 왕이요, 만주의 주이신 예수님은 구원받은 모든 사람에게 온전한 순종을 요구할 수 있는 완전한 권리를 갖고 계신다.

성경의 교훈을 기억하라

예수님의 인격과 직함과 직무에 대한 성경의 교훈을 기억하라. 사도 베드로는 "너희가 십자가에 못 박은 이 예수를 하나님이 주와 그리스도가 되게 하셨느니라"(행 2:36)라고 전했다. 예수님은 '구주'(구출자)를, 주님(주인님)은 '주권자'를, 그리스도는 '기름부음 받은 자'를 의미한다. 그러므로 베드로는 예수님을 단지 '구주'로 전한 것이 아니라 '주님과 그리스도와 구주'로 전한 것이다. 그는 예수님의 인격과 직무를 결코 분할하지 않았다.

사도 바울 역시 로마 교인들에게 이렇게 썼다는 것을 기억하라.

"그러면 무엇을 말하느뇨 말씀이 네게 가까워 네 입에 있으며 네 마음에 있다 하였으니 곧 우리가 전파하는 믿음의 말씀이라 네가 만일 네 입으로 예수를 '주'(주인님)로 시인하며 또 하나님께서 그를 죽은 자 가운데서 살리신 것을 네 마음에 믿으면 구원을 얻으리니"(롬 10:8,9).

바울은 "네가 만일 네 입으로 예수를 '구주'(구출자)로 시인하며 …"라고 말하지 않았다. 그는 이렇게 말했다.

"사람이 마음으로 믿어 의(義)에 이르고 입으로 시인하여 구원에 이르느니라 … 유대인이나 헬라인이나 차별이 없음이라 한 '주'(Lord)께서 모든 사람의 '주'(주인님)가 되사 저를 부르는 모든 사람에게 부요하시도다 누구든지 '주'(主)의 이름을 부르는 자는 구원을 얻으리라"(롬 10:10,12,13).

바울은 어떻게 구원을 받을 수 있는가에 대해 설명하면서 '주(主)'라는 명칭을 세 번 사용한다. 바울의 말에 따르면, 주 예수님을 믿고 세상 앞에서 그 믿음을 고백하면 구원을 얻는다는 것이다.

하나님께서는 무엇보다도 우리가 하나님께 정직하기를 원하신다. 성경을 샅샅이 뒤져보라. 신약성경을 읽어보라. 내가 당신에게 진리의 뿌리를 전했다고 생각되면 제발 그 진리에 순종하라. 당신이 이제까지 '반쪽 구주(Savior)'를 믿고 있었다 할지라도 걱정하지 말라. 이제 당신에게 오류를 바로잡고 올바른 믿음을 가질 수 있는 기회가 주어졌다.

영원불변하신 하나님의
살아 있는 말씀을 먹으라

성경은 언제나 새로운 책이다. 성경은 당신에게 말씀하시는 하나님의 음성이기 때문에
매일 새롭게 뜨는 태양처럼 신선하고, 청명한 밤이 지난 다음 풀잎에 맺힌 새벽이슬처럼 상쾌하다.

"너희가 거듭난 것이 … 하나님의 살아 있고 항상 있는 말씀으로 되
었느니라 … 너희에게 전한 복음이 곧 이 말씀이니라"(벧전 1:23,25).

오늘날 우리 주변에는 "내가 만일 예수님이나 바울이나 베
드로를 직접 만나 설교를 들었다면 내 영적 생활이 훨씬 더 좋
아졌을 것이다"라고 말하는 그리스도인들이 많다.

초대교회의 사도들이나 교부(敎父)들 중 어떤 한 사람이 오늘
날 당신의 교회에 나타난다면 교회는 발 디딜 틈도 없이 인산
인해를 이룰 것이다.

어거스틴, 크리소스톰(Chrysostom, 347~407. '황금의 입'이라는

별명을 가질 정도로 설교를 잘한 콘스탄티노플의 감독), 앗시시의 프랜시스(Saint Francis of Assisi, 1182~1226. 이탈리아 가톨릭교회의 성인), 존 낙스, 루터 같은 과거 위대한 신앙인들이 당신 앞에 나타나 설교한다면, 당신은 마치 하나님께 말씀을 직접 듣는 것처럼 정신을 집중하여 경청할 것이다.

물론 현재 우리는 이미 오래 전에 사역을 다 마치고 세상을 떠나 주님과 함께 있는 하나님의 사람들의 설교를 들을 수 없다. 과거에 일했던 위대한 성도들과 능력의 전사(戰士)들의 음성을 지금은 들을 수 없다.

그러나 주님의 말씀 듣기를 갈망하는 사람들을 위한 복된 소식이 있다. 우리에게 말씀을 듣겠다는 정직한 마음만 있다면, 우리는 지금도 사도들의 음성을 들을 수 있다. 사도 베드로가 쓴 글이 우리 앞에 있기 때문이다. 우리가 베드로를 사도들 중 최고로 여기지 않는다 할지라도 그가 위대한 사도인 것은 사실이다. 내 개인적인 판단으로는, 그가 사도 바울 다음으로 위대한 사도라고 생각된다.

그러므로 우리가 베드로의 메시지를 경청한다면 그가 우리에게 말할 것이다. 물론 우리 가운데 어떤 이들은 성경 해석자의 손을 거친 그의 말을 들을지도 모른다.

종종 선교사들은 통역 때문에 어려움을 겪는다고 호소한다.

선교사가 한 말이 통역을 거치면서 청중에게 다른 의미로 전달되기 때문이다. 설교자들도 성경말씀을 풀이할 때 불완전한 해석을 내놓는 잘못을 종종 범할 수 있다.

여기서 나는 베드로가 하려고 한 말을 그대로 전하기 위해 최선을 다할 것이다. 하나님께서 베드로를 통해 우리에게 들려주기를 원하시는 말씀을 전하고, 내 개인적인 생각은 최대한 배제하려고 노력할 것이다.

많은 사람들은 내가 "나는 오직 성경만, 오직 성경만을 전합니다"라고 말하기를 원할 것이다. 물론 나는 그렇게 하려고 노력할 것이다. 그러나 나는 "내가 이해한 성경을 전하는 것이 내가 할 수 있는 최선입니다"라고 고백할 수밖에 없다. 왜냐하면 이런 고백이 솔직하기 때문이다.

나는 내가 그리스도의 영(靈)의 도우심과 당신의 기도에 힘입어 성경을 올바로 이해했다고 믿는다. 당신이 기도하고 내가 주께 맡기고 주님을 신뢰한다면, 우리는 베드로전서를 최대한 정확히 이해할 수 있을 것이다. 베드로가 우리에게 직접 나타나 가르쳐준다 할지라도 우리가 이해한 것과 별반 다르지 않을 것이다. 우리는 살아 계신 하나님의 말씀에 가장 가까이 갈 수 있을 것이다.

수제자 같지 않은 수제자

베드로는 매사에 제일 먼저 나서는 사람으로 유명한데, 그것은 그의 성격이 굉장히 급했기 때문이다. 무슨 일이 일어나거나 자기와 관계된 일이 생기면 그는 언제나 가장 먼저 반응을 보였다. 대개 그는 생각하기 전에 입을 열었고, 자기가 해야 한다고 생각한 것을 서둘러 행했다.

복음서들의 기록에 근거하여 추측하건대, 베드로는 다른 사람들보다 앞서 세례 요한의 제자가 되었을 것이다. 그는 세례 요한이 예수님을 가리켜 "보라 세상 죄를 지고 가는 하나님의 어린양이로다"(요 1:29)라고 증거할 때, 예수님의 제자가 되었다.

예수님이 자신을 따르도록 제일 먼저 부르신 제자가 베드로였다. 나는 그가 제자들 가운데 가장 먼저 회심(回心)했다고 생각한다. 그가 제일 먼저 "주는 그리스도시요 살아 계신 하나님의 아들이시니이다"(마 16:16)라고 고백했기 때문이다.

베드로는 부활하신 주님을 처음 목격한 사람들 중에 한 명이었다. 일부 사람들은 그가 부활하신 주님을 제일 먼저 보았다고 주장하기도 하는데, 그들은 주님이 자신의 사랑하는 친구 베드로를 만나신 후에야 비로소 다른 사람들에게 나타나셨다고 믿기 때문이다.

우리가 또 기억해야 할 사실이 있는데, 그것은 베드로가 신약성경에 나오는 최초의 설교자였다는 사실이다. 오순절에 성령께서 강림하신 이후로 누군가 일어나 사람들에게 진리를 외쳐야 했다. 바로 그때 베드로가 일어나 설교했다. 이것은 그의 성격에 딱 들어맞는 행동이었다.

내가 볼 때, 베드로의 이런 행동에 어떤 심오한 신학적 이유가 있었던 것은 아닌 것 같다. 이런 것은 단지 성격과 기질의 문제일 뿐이다. 120명의 신자들이 갑자기 성령충만을 받은 다음 누군가 일어나 방금 일어난 놀라운 사건에 대해 설명해야 할 상황이 벌어졌을 때, 베드로가 그렇게 하는 것이 자연스러웠을 뿐이다. 그래서 그가 일어나 사도행전 2장에 기록된 위대한 설교를 했던 것이다. 그의 설교는 3천 명을 회심시켰다.

그러나 베드로는 인간이었다. 우리는 그의 제자로서의 삶과 사역 초기의 모습에서 앞뒤가 맞지 않는 행동을 볼 수 있다. 우리는 그에 대해 "사도들 중 두 번째로 위대한 베드로는 회심한 순간부터 죽을 때까지 정도(正道)에서 조금도 벗어나지 않았다"라고 말할 수 없다. 우리는 신앙의 문제에서 비현실적인 사고(思考)에 빠져서는 안 된다. 어떤 사람의 단점을 숨기려고 한다거나 그 사람의 인격과 어울리지 않는 부자연스러운 의(義)를 그 사람에게 덧입히려고 애쓰는 것은 그 사람과 우리에게 아무 유익을 주지 못한다.

사실 나는 우리 모두가 천사들처럼 되기를 원한다. 다시 말해서, 에스겔서 1장에 기록된 이상한 생물들, 곧 "행할 때에는 … 일제히 앞으로 곧게 행하는"(겔 1:9) 생물들처럼 되기를 원한다.

흔들리는 반석

나는 에스겔서 1장에서 생물들이 앞으로 곧게 행했다는 것이 정확히 무엇을 의미하는지 모른다. 하지만 한 가지 확신하는 것이 있다. 그들이 앞으로 곧게 나아갔다는 것은 우리의 나아감이 제대로 된 것인지 아닌지를 판단하는 좋은 잣대가 된다.

나는 내가 17세에 회심했을 때부터 이제까지 앞으로 곧게 행했더라면 얼마나 좋았을까 하고 생각한다. 하지만 나는 실제로 그렇게 하지 못했다. 사실 대부분의 사람들이 그렇게 하지 못한다. 천국을 향해 갈 때, 우리는 곧게 전진하지 못하고 지그재그로 나아간다. 나는 이것을 유감스럽게 생각한다. 나는 이것에 대해 변명하지 않고 다만 이것을 이해하려고 노력한다.

베드로는 모순이 많은 사람이었다. 그렇지만 하나님께서 베드로처럼 연약한 사람을 취하여 사도 베드로로 만드신 것이 하나님의 은혜를 더욱 높이 드러낸다.

신약성경에 나오는 베드로에 대한 기록을 모두 읽어보라. 그러면 당신은 그에게서 도무지 앞뒤가 맞지 않는 행동들을 발견할 수 있을 것이다. 베드로를 처음 만나셨을 때 주님은 "네가 요한의 아들 시몬이니 장차 게바라 하리라 하시니라 (게바는 번역하면 베드로라)"(요 1:42)라고 말씀하셨다('베드로'는 "반석"이라는 뜻이다 - 역자 주). 예수님은 그에게 '반석'이라는 뜻의 이름을 지어주셨다. 당신도 잘 알겠지만, 반석은 흔들리지 않는 단단한 것을 상징한다.

그러나 반석이라는 이름을 받은 이 사람은 아주 많이 흔들렸다. 어느 정도까지 흔들렸는가 하면 주님을 부인할 정도까지 흔들렸다! 그는 예수님을 지켜드리겠다는 의도에서 대제사장의 종의 귀를 검(劍)으로 자르기까지 했지만, 그로부터 불과 몇 시간 후에는 예수님을 모른다고 부인했다! 그는 어떤 상황이 벌어지면 즉시 끼어들고, 생각 없이 행동하고, 또 종종 사과했다. 그는 반석이었지만 흔들리는 반석이었다. 흔들리는 반석! 이것은 분명 모순된 존재이다.

내가 주목하고 싶은 것이 또 있는데, 그것은 베드로가 자신의 주(主)요, 선생이신 분을 꾸짖는 행동까지 서슴지 않았다는 것이다. 그는 예수님을 붙들고 꾸짖었다. 마치 자기가 예수님과 동등한 존재인 양 말이다! 그리고 또 다른 경우에 그는 두려워하는 마음으로 무릎을 꿇고 예수께 "주여 나를 떠나소서 나는 죄인이로소이다"(눅 5:8)라고 말씀드리기도 했다.

베드로는 그런 사람이었다. 그는 다른 어떤 사도보다도 더 담대했으며, 더 큰 믿음을 가졌다. 그는 자신의 믿음의 분량을 초월하여 담대했다! 당신은 베드로 같은 하나님의 자녀를 본 적이 있는가? 당신도 잘 알겠지만, 그는 배 밖으로 뛰어내려 실제로 물 위를 걸을 만큼 담대했다. 그러나 그의 믿음은 그의 담대함을 지탱할 만큼 크지 않았다. 결국 그는 물속으로 가라앉기 시작했고, 주님의 도우심을 힘입어 익사(溺死)를 면했다.

바로 이 베드로라는 제자가 제일 먼저 주께 대한 믿음을 고백했고, 또 제일 먼저 주님을 부인했다.

예수님은 베드로를 가리켜 '복 있는 자'라고 말씀하셨지만, 조금 후에는 그를 "사탄"이라고 부르셨다. 그는 주께 "바요나 시몬아 네가 복이 있도다"(마 16:17)라는 말씀을 들었지만, 조금 후에는 "사탄아 내 뒤로 물러가라"(마 16:23)라는 말씀을 들었다.

베드로에 관한 모순을 좀 더 이야기해보자. 교계 일각(천주교)에서는 그를 가리켜 '이 땅 위에 있는 그리스도의 대리자'라고 부르지만, 그는 자기가 그런 존재라고는 꿈에도 상상하지 못했을 것이다. 그는 자신을 가리켜 '그리스도의 대리자' 또는 '그리스도의 부섭정(副攝政)'이라고 말하지 않았고, 단지 사도 혹은 장로라고 말했다. 그뿐이다. 장로교회에서 지극히 작은 장로라 할지라도 베드로가 자신을 가리켜 사용한 직함과 동일한 직함을 갖고 있는 것이다. 차이가 있다면 베드로가 스스로를 가리켜 "사도 베드로"라고 말한 것이다.

내가 또 지적할 수 있는 것은 이것이다. 많은 사람들은 베드로가 최초의 교황이라고 말하는데, 사실 그와 동시대 사람인 사도 바울이 그보다 여러 면에서 월등했다는 것은 의문의 여지가 없는 사실이다.

베드로도 위대했지만 바울은 더 위대했다. 만일 하나님께서 교황을 선택하셨다면 바울을 선택하셨을 것이라는 게 내 생각이다. 흔들리고 모순된 베드로보다는 사도들 가운데 가장 위대하고 지적(知的)인 바울을 택하셨을 것이라는 말이다.

또한 사도행전에서 베드로가 사라질 무렵 바울이 등장하기 시작한다. 사도행전의 마지막 부분에는 베드로가 전혀 언급되지 않고, 우리의 시야에는 바울만 들어온다. 하나님께서는 교회의 교리를 견고하게 세워 교회의 기초를 튼튼히 하기를 원하셨는데, 이때 베드로가 아닌 바울을 사용하셨다.

이제까지 우리는 베드로가 어떤 사람인지에 대해 간단히 살펴보았다. 그에 대해 더 많은 얘기를 할 수 있겠지만, 우리는 신약성경에 포함된 베드로의 편지들에서 그의 음성을 다시 들을 수 있다.

믿음 때문에

바울이 이방인들을 위한 사도로 인정받았듯이 베드로는 유대인들을 위한 사도로 인정받았다. 유대인들이 여러 지역에 흩어져 살고 있었기 때문에 베드로가 그들에게 편지를 쓴 것이다.

여기저기 흩어져 살고 있던 수십만 명의 유대인들이 오순절을 맞이해 예루살렘으로 모였다. 베드로가 그들에게 말씀을 전하자 그들이 대규모로 회심했다. 그들은 예수님의 부활과 성령 강림 사건을 증거하는 메시지를 가지고 자신들이 본래 살던 지역으로 돌아갔다. 그리하여 로마의 전 지역에 그리스도인들이 살게 되었는데, 베드로는 그렇게 광범위하게 흩어져 있는 유대인 그리스도인들을 돌보아야 한다고 느꼈다. 그는 자기가 유대인들을 위한 사도라는 것을 진지하게 받아들였고, 소아시아 지역에 흩어져 사는 유대인 회심자들에게 첫 번째 서신(베드로전서)을 썼다.

베드로가 편지를 쓸 당시 로마 지역에 살고 있던 그리스도인들의 상황은 매우 우려할 만한 것이었다. 로마 황제가 그리스도인들을 잔혹하게 박해했기 때문이다. 예수님은 그리스도인들이 박해를 받을 것이라고 예고하셨는데, 그것이 현실로 나타나기 시작했던 것이다. 가라앉는 배 위로 거대한 파도가 덮치

듯이 그들의 머리 위로 박해의 큰 물결이 덮치기 시작했다.

당시 네로 황제는 강력한 정치권력을 장악하고 있었다. 그는 가장 사악한 로마 사람으로 역사에 길이 남을 인물이다. 그의 생활과 행동과 습관은 역사상 가장 추악하고 불쾌한 것이었기 때문에 그가 저지른 범죄를 언급하는 것조차 민망하게 여겨질 정도이다. 하지만 그가 황제였기 때문에 베드로를 비롯한 그리스도인들이 그의 통치 아래 살아야 했다.

네로에 대한 기록에 따르면, 그는 로마 시(市)에 불을 지르고 궁정의 탑 위에 앉아 불타는 도시를 바라보면서 하프를 연주하고 그리스 노래들을 불렀다고 한다. 그러다가 갑자기 그는 두려움을 느꼈다. 왜냐하면 자기가 불을 질렀다는 것을 로마인들이 알게 되면 자기를 대적할 것이라고 생각했기 때문이다. 그는 자기의 죄를 대신 뒤집어쓸 속죄양을 찾았고, 그토록 성가신 그리스도인들이 더할 나위 없이 좋은 대상이라고 생각했다.

당시 그리스도인들은 고분고분하지 않은 사람들로 인식되었고, 또 어디서나 쉽게 발견되었다. 히틀러가 유대인들을 학살한 것처럼 네로는 그리스도인들을 공격하기 시작해 수만 명을 죽였다. 그들은 재산을 빼앗겼고, 투옥되었고, 여러 가지 방법으로 고문을 당했고, 죽임을 당했다. 이런 일이 비두니아, 본도, 갑바도기아, 아시아 지역에서 일어났다.

하나님의 사랑을 받은 베드로는 당시 상황이 어떻게 돌아가는지를 잘 알았다. 그 자신이 예루살렘에서 박해를 받아봤기 때문에 그것이 얼마나 혹독한 것인지를 알았다. 이것이 그가 그리스도인들에게 격려의 편지를 쓰게 된 동기이다. 그가 고난당하는 그리스도인들을 위해 오랫동안 기도하며 주님을 바라볼 때, 성령께서 감동을 주어 쓰게 하신 것이 바로 베드로전서이다.

베드로의 편지 수신인인 "나그네들"(벧전 1:1)처럼 베드로 역시 깊은 고독을 느꼈다. 그들은 뿔뿔이 흩어져 있었고, 박해를 받았고, 무거운 짐을 지고 있었고, 세상으로부터 고립돼 있었다. 오로지 그들의 믿음 때문에 말이다!

진정한 그리스도인은 고독하다

진정한 그리스도인은 자신과 사귀려고 하지 않는 세상 사람들에게 둘러싸인 고독한 존재이다. 이따금 그리스도인이 견디다 못해 주저앉아 눈물을 흘린다 할지라도 그리스도인은 자기가 약해서 그런 것이라고 생각해서는 안 된다. 그리스도인의 고독은 정상적인 고독이다. 다시 말하지만, 그리스도인은 자신과 사귀려고 하지 않는 세상 사람들에게 둘러싸여 있다. 그리스도인이 고독한 것은 당연하다.

베드로의 편지 수신인들은 여러 가지 면에서 나그네들이었다. 특히 그들이 유대인이었기에 더욱 그러했다. 그들은 로마인들이 사는 곳에 흩어져 살았지만, 로마인들의 풍습을 받아들이거나 인정할 수 없었다. 그들은 당시 시대 상황에 따라 헬라어를 배웠지만, 로마의 풍습을 배울 수는 없었다. 유대인들은 독특한 민족이었다. 오늘날도 그렇듯이 말이다.

더군다나 그들은 유대인으로서 그리스도인이 된 사람들이었다. 그들은 단지 유대인이라는 이유로 소외당하는 정도가 아니었다. 세상으로부터 소외당한다는 느낌이 그리스도를 믿지 않는 유대인들보다 갑절이나 클 수밖에 없었다. 그들은 유대인으로서 주변의 이방인들에게 소외당했을 뿐만 아니라 그리스도인으로서 같은 유대인들에게도 소외당했다.

이런 전제에서 보자면, 그리스도인은 (어떤 특정한 상황에서는) 세상에서 가장 고독한 존재가 될 수밖에 없다. 세상에 속하지 않는 삶! 이것이 우리 그리스도인들의 운명이다. 이 세상이 아닌 다른 세계에 속했다는 생각이 그리스도인들의 마음속에 있기 때문에 그들은 자기들이 세상 사람들과 다르다고 느낄 수밖에 없다.

우리가 부르는 대부분의 찬송가들이 바로 이런 고독의 감정 때문에 생겨났다. 다시 말해서, 이 세상의 시민권이 아닌 다른 세계의 시민권을 갖고 있다는 감정이 찬송가를 낳았다는 말이다.

성경은 케케묵은 책이 아니다

그리스도인들은 이 땅의 시민이 아니라 하늘나라의 시민으로서 장차 다시 오실 주님을 고대한다. 이런 인식을 가지고 있기 때문에 그리스도인들은 세상 사람들과 확연히 구별된다. 주 예수님의 재림을 가장 간절히 사모하는 사람은 자신을 이 땅에서 사는 고독한 존재로 여긴다.

베드로는 그리스도를 사랑했다. 고난당하는 신자들에게 보낸 그의 편지들을 볼 때, 우리는 그의 삶이 철저히 변했다는 사실을 알 수 있다. 그는 안정적이고 견고한 사람으로 변했다. 처음과 끝이 동일하고 믿을 만한 그리스도의 종으로 변했다. 그는 그리스도를 위해 고난당하는 것이 그리스도인의 삶의 특권이라는 사실을 깨달은 뒤, 형제자매들에게 이렇게 조언했다.

"사랑하는 자들아 너희를 시련하려고 오는 불 시험을 이상한 일 당하는 것같이 이상히 여기지 말고 오직 너희가 그리스도의 고난에 참예하는 것으로 즐거워하라"(벧전 4:12,13).

믿음의 형제자매여! 우리가 살고 있는 세상은 베드로가 살았던 그때와 크게 다르지 않다. 그러므로 사도 베드로의 말에 귀를 기울이는 것은 지혜로운 일이다. 당신이 누구이든, 당신이 교육을 어디까지 받았든, 당신은 베드로전서를 읽고 충분히 이해하여 "이것은 성령님이 내게 하시는 말씀이야!"라고 고백할 수 있다. 하나님의 책에 기록된 것은 시대에 뒤떨어진 것이 결코 아니다. 성경에는 역사적 연대(年代)가 나오지만, 그 내용이 시대에 뒤진 것은 결코 아니다. 성경을 읽을 때 나는 성경의 모든 내용이 나와 관련이 있다고 믿는다. 성경은 다른 시대, 다른 시간, 다른 사람을 위한 이야기를 하지 않는다.

다른 많은 책들, 특히 역사책들에는 특정한 사건들에 대한 열정적인 기록이 담겨 있다. 그러나 우리는 그런 기록에 쉽게 싫증을 느낀다. 사학자(史學者)를 제외한 대부분의 사람들은 시대에 뒤떨어진 것들이나 다른 시대에 속한 것들에 큰 관심을 갖지 않는다.

그러나 성령님이 쓰신 글은 다르다. 성령님이 베드로나 바울 같은 사도들을 통해 편지를 쓰셨을 때, 그것이 특정한 사람들을 대상으로 삼아 쓰인 것은 사실이다. 그렇지만 성령님은 오늘날 세계 각지에 흩어져 사는 그리스도인들이 그것을 과거의 특정한 사람들만을 위한 글이라 생각하지 않고 개인적으로 받아들이기를 원하신다. 그래서 그리스도인들은 이렇게 고백할 수 있다.

"이것은 나를 위한 편지이다. 성령께서 나를 염두에 두고 이 편지를 쓰셨다. 이것은 시대에 뒤떨어진 것도, 케케묵은 것도 아니다. 이것은 현재의 나를 위한, 살아 있는 진리이다. 이것은 마치 하나님께서 방금 내 사정을 듣고 말씀하시는 것과 같다. 역경에 빠진 나를 돕고 격려하시기 위해서 말이다."

그렇다! 그래서 성경은 언제나 새로운 책이다. 성경은 당신에게 말씀하시는 하나님의 음성이기 때문에 매일 새롭게 뜨는 태양처럼 신선하고, 청명한 밤이 지난 다음 풀잎에 맺힌 새벽이슬처럼 상쾌하다.

성령의 감동으로 기록된 하나님의 말씀은 이토록 놀라운 책이다! 이 말씀을 받아 먹으라!

세상의 헛된 소망에 집착하지 말고
산 소망이신 예수를 붙들라

그리스도인으로서 당신이 예수 그리스도를 신뢰하는 만큼 당신은 당신의 소망을 신뢰할 수 있다.
장래에 대한 당신의 소망은 그리스도와 함께 살고 그리스도와 함께 죽는다.
이 땅에 집착하는 불신앙을 버리고 소망의 주를 바라보라.

"우리 주 예수 그리스도의 아버지 하나님이 … 예수 그리스도의 죽은 자 가운데서 부활하심으로 말미암아 우리를 거듭나게 하사 산 소망이 있게 하시며"(벧전 1:3).

어떤 그리스도인들은 초자연적 은혜라는 기적에 의해 거듭나고 변화된 것에 대해 세상에게 계속 해명해야 한다고 생각한다. 이런 사람들은 신약성경에 계시된 우리 주 예수 그리스도를 통한 구원의 핵심을 오해한 것이다.

사도 베드로는 "하나님이 … 우리를 거듭나게 하사 산 소망이 있게 하시며"(벧전 1:3)라고 말한다. 하나님은 우리를 거듭나게 하여 산 소망을 주시는 일을 계속하고 계신다. 교회는 마땅히 세상을 향해 공세적(攻勢的) 태도를 취해야 함에도 불구하고 그렇게 하지 못하고 있다.

그리스도인은 주님의 은혜로 거듭나고 변화된 것에 대해 세상에게 해명할 필요가 없다. 다시 말해서, 그리스도인은 슬프고 허무한 이 세상에서 유일하고 영원한 소망을 갖게 된 것에 대해 세상에게 해명할 필요가 없다.

우리는 우리가 믿는 기독교 신앙에 대해 마땅히 담대한 마음을 가져야 함에도 불구하고 왜 그렇지 못한가? 나는 기독교 신앙을 고백하는 그리스도인들 가운데 많은 이들이 마치 채찍에 맞은 개 같은 태도를 취하면서 부끄러운 해명을 시도하는 것을 이해할 수 없다.

여기서 내가 반드시 언급하고 싶은 것이 있다. 그것은 공산주의자들이 자신들의 사상에 대해 보이는 철저한 확신과 열정이다. 그 사상이 사탄에게서 비롯된 것인데도 말이다! 그들은 공산주의에 대해 결코 해명하지 않는다.

거듭남은 기적이다

많은 그리스도인들이 자신의 신앙에 대해 해명하는 데 많은 시간과 에너지를 낭비한다. 성령의 무한한 능력에 힘입어 하나님을 위해 공격다운 공격 한 번 제대로 해보지 못했기 때문이다.

그리스도인들이 원하는 것은 이 세상에 없다. 우리는 이 땅에서 가장 확실히 입증된 것을 믿는다. 우리가 믿는 진리와 우리의 진리를 입증하는 증거들의 체계는 명료하고 이성적(理性的)이다. 그러므로 나는 교회가 마땅히 기뻐해야 한다고 주장하고 싶다. 또한 지금은 그리스도인들이 방어적 자세를 취할 때가 아니라는 것을 강조하고 싶다.

사랑하는 자여! 당신의 거듭남이 기적이라는 사실을 잊지 말자. 당신의 신생(新生)은 정말 큰 기적이다! 하나님께서는 이 큰 기적을 통해 당신의 본성을 변화시키고 영생(永生)을 주셨다. 베드로는 이것을 예수 그리스도의 부활과 연결해서 말한다.

"하나님이 … 예수 그리스도의 죽은 자 가운데서 부활하심으로 말미암아 우리를 거듭나게 하사 산 소망이 있게 하시며"(벧전 1:3).

여기서 우리는 하나님께서 세우신 법칙 한 가지를 발견할 수 있다. 그것은 진정으로 거듭난 사람에게는 재창조(再創造), 즉 초자연적인 재창조가 일어난다는 사실이다. 하나님은 태초에 천지를 창조하신 것처럼 신자 안에서 새로운 창조를 이루신다.

하나님께서 무(無)에서 천지를 창조하신 것은 어마어마한 기적이다. 이와 마찬가지로 하나님께서 죄인을 신자로 만드신 것 역시 놀라운 기적이다.

먼저, 하나님께서 이루고자 하시는 일이 무엇인지를 생각해 보라. 그런 다음 오늘날 교회들이 사람들을 어떤 존재로 만들려고 노력하는지를 생각해보라. 그러면 당신은 이 둘 사이에 큰 차이가 있다는 것을 알 수 있을 것이다.

오늘날 많은 교회들이 온갖 수단을 다 동원해서 사람들을 교회로 끌어들인다. 일단 그렇게 오게 한 다음 그들을 상대로 작업을 한다. 다시 말해서, 그들을 교회에 순응시키고 고치려고 노력한다. 그런데 내가 지적하고 싶은 것은 이것이다. 대부분의 성도들이 처음 은혜를 체험한 뒤, 세상에 해명하는 데 있어서 그것을 신통치 않은 것으로 여긴다. 그래서 그들은 두 번째, 세 번째 은혜의 체험을 하려고 한다. 물론 이런 지적을 오해할 사람들도 있겠지만, 나는 이렇게 말하지 않을 수 없다.

이런 은혜의 사역을 반대하는 것은 아니지만, 나는 우리가 하나님을 처음 만날 때 우리 속에서 마땅히 일어났어야 하는 일을 강조하고 싶다. 어찌하여 우리는 하나님께 은혜를 얻기 위해 두 번째, 세 번째 혹은 네 번째 체험을 만들어내야 하는가? 당신이 하나님을 처음 만날 때 당신은 그 은혜를 마땅히 얻어야 했다! 나는 우리가 거듭난 이후에도 성령의 기름부음을 받을 수 있다고 믿는다. 그러나 우리는 성령의 기름부음을 강조하기 위해 중생(重生)의 가치를 잊어서는 안 된다.

나는 지난 세대에 활동했던 하나님의 성도들의 삶과 사역에 대해 많이 읽고 또 오래 연구했다. 그 결과 나는 그들이 처음 중생할 때의 상태가 현재 우리 주변에서 볼 수 있는 소위 '성숙한 그리스도인들'의 상태보다 더 훌륭했다는 점을 발견했다.

은혜의 기적을 사모하라

과거의 기독교가 그토록 훌륭한 성도들을 배출할 수 있었던 것은 큰 기적을 강조했기 때문이다. 그런데 참된 회심(回心)이 일어나기 위해서는 반드시 이런 큰 기적이 일어나야 한다. 방금 내가 언급한 과거 훌륭한 성도들의 경우, 만일 큰 기적이 일어나지 않았다면 그들은 기독교 신앙을 갖지 않았을 것이다. 만일 누군가 그들에게 하나님의 아들에 대한 창백한 변증법적 논증을 제시했다 할지라도 그들은 별로 믿으려고 하지 않았을 것이다.

그들은 자기들에게 기적이 일어났다고 주장했다. 그들은 "하나님이 … 우리를 거듭나게 하사 산 소망이 있게 하시며"(벧전 1:3)라는 베드로의 말이 무슨 뜻인지 잘 알았다. 그들은 하나님의 은혜로 인간 안에서 기적이 일어난다는 원리를 받아들였다.

구약성경도 깨끗케 되고 변화되는 기적이 일어날 수 있다고 거듭 강조한다. 다윗은 "하나님이여 내 속에 정한 마음을 창조하시고 내 안에 정직한 영을 새롭게 하소서"(시 51:10)라고 기도했는데, 여기서 우리는 인간 안에 기적이 일어날 수 있다는 단서를 찾을 수 있다. 구약성경에 등장하는 하나님의 사람들은 스스로의 힘으로 믿음과 능력을 얻게 되었다고 말하지 않는다. 다만 그들은 말로 설명할 수 없는 일들이 초자연적으로 일어났다고 말할 뿐이다.

구약시대에 하나님께서는 이렇게 분명히 말씀하셨다.

"나 여호와가 말하노라 그러나 그날 후에 내가 이스라엘 집에 세울 언약은 이러하니 곧 내가 나의 법을 그들의 속에 두며 그 마음에 기록하여 나는 그들의 하나님이 되고 그들은 내 백성이 될 것이라"(렘 31:33).

또한 에스겔서에서 하나님은 이렇게 말씀하셨다.

"또 새 영을 너희 속에 두고 새 마음을 너희에게 주되 너희 육신에서 굳은 마음을 제하고 부드러운 마음을 줄 것이며 또 내 신(神)을 너희 속에 두어 너희로 내 율례를 행하게 하리니 너희가 내 규례를 지켜 행할지라 내가 너희 열조에게 준 땅에 너희가 거하여 내 백성이 되고 나는 너희 하나님이 되리라"(겔 36:26-28).

여기서 우리는 재창조와 도덕적 재탄생의 확실한 단서를 찾을 수 있다. 하지만 여기서 멈추지 말고 계속 신약성경으로 가 보자. 신약성경은 더 이상 단서를 제공하는 수준에 머물지 않고 거듭남이라는 초자연적 기적에 대해 명백히 언급한다.

사도 요한의 기록에 따르면, 우리가 주께 가기를 원할지라도 거듭나지 않으면 하나님나라에 들어갈 수 없다고 한다. 그의 말을 들어보자.

"영접하는 자 곧 그 이름을 믿는 자들에게는 하나님의 자녀가 되는 권세를 주셨으니 이는 혈통으로나 육정으로나 사람의 뜻으로 나지 아니하고 오직 하나님께로서 난 자들이니라"(요 1:12,13).

또한 사도 바울은 고린도 교인들에게 "그런즉 누구든지 그리스도 안에 있으면 새로운 피조물이라 이전 것은 지나갔으니 보라 새것이 되었도다"(고후 5:17)라고 가르친다.

이보다 더 확실한 언급이 있겠는가? 베드로는 당시에 일어난 기적에 대해 "너희가 거듭난 것이 … 하나님의 살아 있고 항상 있는 말씀으로 되었느니라"(벧전 1:23)라고 표현한다.

야고보는 편지에서 "그가 그 조물 중에 우리로 한 첫 열매가 되게 하시려고 자기의 뜻을 좇아 진리의 말씀으로 우리를 낳으셨느니라"(약 1:18)라고 말한다.

의심스러운 거듭남

성경 곳곳에서 지극히 명백히 밝히는 것이 이것이다. 그것은 바로 하나님께서 주께 믿음으로 나아오는 자에게 은혜의 기적을 일으키신다는 것이다.

당신은 신약성경을 믿는가? 그렇다면 당신은 거듭남이 큰 기적이라는 사실도 믿어야 한다. 다시 말해서, 거듭남이 천지 창조만큼이나 기적적인 사건이라는 것을 믿어야 한다. 하나님께서는 거듭남을 통해 기존의 사람과는 완전히 다른 새사람을 창조하신다.

옛 사람이 사라진 자리에 새사람이 새로 태어나는 것이 우리가 말하는 진정한 회심이다. 바로 이 점에서 나는 "하나님께서는 하나님의 사랑과 은혜와 지혜 때문에 거듭남을 허락하신다. 이는 재창조를 체험한 사람들과 그 밖의 다른 방법들로 기독교를 받아들인 사람들을 명확히 구별하시기 위함이다"라고 외친다.

또한 이런 맥락에서 나는 "하나님께서는 하나님의 영(靈)을 통해 기적적으로 일하겠다고 말씀하셨지만, 기독교의 몇몇 신자들은 여전히 하나님의 기적을 자연적이고 이성적인 방법들로 설명하려고 노력하고 있다"라고 말하지 않을 수 없다.

결론적으로 나는 당신에게 이렇게 경고하고 싶다. 당신이 그리스도인인데, 어떤 심리학자가 당신의 신앙에 대해 완벽한 설명을 내놓았고 또 당신이 그 사람의 설명을 받아들였는가? 만일 그렇다면 나는 당신의 거듭남을 의심할 것이다. 그리스도 안에서 당신에게 일어난 일들을 심리학자들이 다 설명했고, 또 그것을 당신이 전적으로 수용했다면 당신은 그리스도인이라기보다는 단지 어떤 교회의 교인일 가능성이 높다!

기적의 고동 소리

나는 진정한 그리스도인의 체험 가운데 나타난 기적적 요소를 심리학적으로 설명할 수 없다고 확신한다. 이것이 나의 솔직한 견해이다. 정직한 심리학자라면 한 걸음 뒤로 물러서서 공손한 태도로 "주님이 행하신 놀라운 일을 보라!"라고 외칠 것이다. 그렇다! 하나님의 일은 심리학자가 설명할 수 있는 영역이 아니다.

나는 기독교의 가치 있는 것들 중에 하나가 기적이라고 생각한다. 나는 조금도 거리낌 없이 나의 이런 믿음을 말할 수 있다. 나는 기독교의 장식품들 없이도 얼마든지 살 수 있다. 기독교의 자질구레한 장신구와 소품들 없이도 잘 살 수 있다. 내가 이런 것들 없이도 잘 살 수 있는 것은 나의 믿음의 심장에서 들려오는 기적의 고동 소리를 듣기 때문이다. 이 기적은 계시된 하나님말씀 안에서 그리고 그것을 믿는 사람들의 마음속에서 고동친다. 기적의 고동 소리는 기독교 신앙의 모든 것을 입증한다.

나는 오순절 성령 강림 때부터 지금까지 일어난 모든 초자연적 은혜가 기독교의 교훈과 체험이 되었다고 생각한다.

이제, 진정으로 거듭나는 것은 하나님의 성품에 참여하는 자가 되는 기적을 맛보는 것이다. 거듭난다는 것은 단순히 종교적 표현에 불과한 것이 아니다. 거듭난다는 것은 "그 사람은 거듭난(born-again) 사람이다"라는 영어 표현에 흔히 쓰이는 하이픈(-)에 불과한 것이 아니다.

성경의 다른 많은 교훈과 마찬가지로 거듭남이라는 교훈도 오늘날 교회 안에서 냉대를 받고 있다. 일부 복음전도자들은 이 사실을 인정하기를 원하지 않는다. 그러나 오늘날 많은 교회들이 살아 계신 하나님의 교회라는 느낌보다 시체 안치소 같다는 느낌을 주는 것이 사실이다.

하나님의 기적적인 사역을 통해 거듭난 그리스도인들은 죽음의 무덤에서 건짐 받은 것을 마땅히 기뻐해야 한다. 초자연적 은혜에 대한 강조가 사라졌기 때문에 "거듭났다!"라는 말이 별로 대수롭지 않은 표현으로 전락해버린 것은 참으로 슬픈 현실이다. 이런 현상이 일부 복음주의적 교파에서도 나타나고 있다.

물론, 옛날이나 지금이나 거듭남은 하나님께서 이루시는 기적이다. 거듭남은 단지 마음의 문제나 정신의 문제가 아니다. 많은 사람들이 "나는 기독교 원리에 정신적으로 동의하기 때문에 거듭났습니다"라고 말한다. 내가 볼 때, 오늘날 많은 사람들이 하나님의 은혜와 행하심이 초자연적인 것이라는 사실을 깨닫지 못한 채 정신적으로 그리스도를 영접하는 것 같다.

산 소망

하나님께서는 예수 그리스도의 교회가 세상에서 '기적적인 그룹'이 되기를 원하신다. 그리스도인들이 세상과 접촉하며 살지만, 그들의 존재와 영(靈)은 세상과 분리되어야 한다. 이렇게 세상과 분리된 존재로서 우리는 세상을 깜짝 놀라게 하는 사람들이 되어야 한다.

하지만 우리의 현실은 어떤가? 기적의 의미가 아주 약화되었기 때문에 우리는 어떤 사람이 그리스도인인지 아닌지를 알기 위해 그 사람의 신상 기록 카드를 찾아봐야 할 지경에 이르렀다.

사랑하는 자여! 진정한 그리스도인은 세상 사람과 달라야 한다. 장차 두렵고 슬픈 심판의 날이 임할 것이다. 그날이 이르면 거듭남의 기적에 의지하지 않고 기독교에 대한 정신적 동의에 베드로는 자신의 서신에서 "소망"이라는 단어를 종종 사용했다. 우리가 이 단어의 의미를 완전히 이해할 수 있는 유일한 방법이 있는데, 그것은 바로 거듭남의 조명(照明)을 받는 것이다. "소망"이라는 말이 구약성경에서도 사용되었지만, 이 말은 그리스도께서 우리에게 주신 위대한 단어이다.

우리가 신약성경에서 발견할 수 있는 사실은 예수 그리스도께서 새롭고 기발한 단어들을 만들어내기 위해 애쓰지 않으셨다는 것이다. 예수님은 사람들이 잘 알고 있는 단어들을 사용하셨다. 그러나 그럴 때마다 그 단어들에 새롭고 놀라운 의미를 부여하셨다. 따라서 우리는 예수님의 표현에 주목하면서 "그리스도께서 우리를 위해 이런 단어를 사용하셨다"라고 말할 수 있다.

이런 맥락에서 예수님이 "소망"이라는 단어를 사용하셨기 때문에 우리는 이 단어를 통해 더 깊고 새로운 의미를 깨달을 수 있다. 당신이 주님을 사랑하고 주께 복종한다면, 성경 전체가 당신으로 하여금 소망을 향해 나아가도록 가르친다는 사실을 깨달을 것이다. 소망은 성경 전체의 음악이다. 소망은 성경 전체의 고동(鼓動)이요, 맥박이요, 대기(大氣)이다.

소망은 바람직한 기대요, 즐거운 상상이다. 우리는 소망을 가졌다가 그것이 이루어지지 않으면 크게 실망하거나 망신을 당한다. 하나님께 근거하지 않고 인간에게 근거한 소망은 우리에게 절망과 상처를 안겨준다. 그럴 때 즐거운 상상은 실망이나 슬픔으로 바뀔 수 있다.

헛된 소망

베드로는 그리스도인의 소망을 "산 소망"(벧전 1:3)이라고 말한다. 그에 따르면, 그리스도인은 거듭났기 때문에 산 소망을 갖게 된다고 한다. 생명과 관련해서 성경이 사용하는 가장 강력한 표현은 "살아 있는"이라는 표현이다. 하나님께서도 하나님에 대해 이 표현을 사용하시는데, 성경은 하나님을 "살아 계신" 하나님이라고 말한다. 이런 식으로 하나님께서는 그리스도인의 소망을 살아 있는 소망으로 만들어주셨다. 마치 하나님께서 살아 계신 것처럼 말이다.

여기서 우리는 현재 이 땅에 잘 적응하고 세상의 것들에 만족하며 살고 있는 그리스도인들을 위한 교훈을 발견할 수 있다. 장차 도래할 더 좋은 것들에 대한 즐거운 기대가 오늘날 그리스도의 교회에서 거의 사라지고 있다. 지금 이곳이 너무 좋기 때문에 내일을 위한 천국의 약속은 우리에게 필요 없다는 천박한 생각이 우리를 사로잡고 있다. 이것은 매우 위험천만한 일이다.

요즘 대부분의 사람들은 "현재 상태가 좋으니 나에게 다른 소망을 강요하지 말라!"라고 이야기한다. 그러나 현대인의 이런 생각은 아주 잘못되고 비참한 것이다. 우리는 장래에 대해 말할 때 천국에 대해서가 아니라 종말에 대해서 이야기한다. 만일 어떤 그리스도인이 여기서 살고 일하고 봉사하면서 (마치 오래 쓴 장갑을 편하게 느끼듯이) 이 세상을 편하게 느낀다면 나는 그런 그리스도인이 걱정스럽다. 나는 그런 사람이 진정 거듭난 사람인지 의심스럽다.

사랑하는 자여! 우리는 여전히 악하고 음란한 세대에 살고 있다. 내가 만난 그리스도인들 가운데 주님이 인정하실 만한 신앙인들은 이 세상과 조화를 이루지 못한다. 당신이 내 의견에 동의하지 않을지도 모르겠다. 그러나 확신하건대, 하나님께서 어떤 사람의 마음속에 기적을 일으키시면 그 사람은 즉시 천국을 자신의 고향으로 여길 것이며 그곳에 마음을 두고 살 것이다. 마치 봄이 되면 철새들이 여름을 나기 위해 북쪽의 안식처로 이동하듯이 말이다.

믿음 있는 그리스도인에게는 영적 고향이 있다. 만일 어떤 그리스도인에게 고향을 향한 즐거운 기대감이 없다면 그것은 그의 영적 삶에 문제가 생겼다는 증거일 것이다. 최근 한 여론 조사에 따르면, 미국인들의 82퍼센트가 하나님을 믿으며 자기들이 천국에 갈 것이라고 생각한다고 한다. 개인적으로 나는 통계를 가지고 얘기하는 것을 별로 좋아하지 않는다. 아무튼 내가 개인적으로 아는 사람들을 고려할 때, 방금 말한 82퍼센트 중 약 4분의 3이 헛된 소망에 안주하며 살고 있다고 생각한다.

믿음이 없는 사람들의 세상에 대한 소망은 헛된 소망이다. 이것은 매우 슬픈 일이다. 우리 주변에서 흔히 볼 수 있는 그런 사람들에게 나는 "당신이 천국에 가려면 천국에 갈 자격이 있는 사람처럼 살아야 합니다. 그리스도인처럼 죽으려면 지금 당장 그리스도인처럼 살아야 합니다!"라고 말하고 싶다.

영생을 위한 보증

세상 사람들이 품고 있는 소망은 믿음에 근거한 것이 아니기 때문에 모호하고 헛되다. 그런데 그들과 마찬가지로 우리는 불신앙 때문에 천상의 성(城)에 들어갈 수 없고, 금(金)으로 만들어진 거리에서 하나님과 함께 믿음으로 걸을 수 없다. 불신앙 때문에 우리는 여기 이 땅에 집착한다.

우리는 오늘은 누가 와서 재밌는 설교로 우리를 웃겨줄 것인지를 알기 위해 주보를 열심히 뒤적인다. 턱 밑을 자꾸 어루만져 주어서 기분을 좋게 해주어야 하는 교인은 영적으로 병들어 있는 것이다. 이런 사람은 우리에게 완전함으로 나아가라고 촉구하는 성경의 교훈을 무시한다. 대신 카우벨(무용음악에 쓰이는 타악기)이나 연주용 톱 그리고 여러 가지 희한한 소품들을 동원하여 청중을 즐겁게 해주는 '복음의 약장수'가 강사로 오기를 학수고대한다.

사랑하는 형제자매여! 우리는 하나님에게서 태어났기 때문에 우리의 소망은 근거 있는 소망이다. 공허한 것, 헛된 것, 꿈 같은 것은 결코 현실이 될 수 없다. 우리의 기대는 높이 솟아올라야 한다. 우리는 하나님께 간청해야 한다. 믿음과 영적 성취의 높은 꿈을 꾸기 시작해야 한다. 그리고 하나님께서 그런 꿈을 이루실 것이라고 믿어야 한다. 우리는 하나님의 뜻에 어긋난 소망을 가질 수 없다. 하나님을 앞지르는 기대감을 가질 수 없다. 우리의 소원은 유한하지만, 하나님의 능력은 무한하다는 사실을 기억하라!

사랑하는 자여! 무엇 때문에 당신의 소망이 산 소망인가? 어찌하여 그리스도인들의 소망이 거짓된 소망이 아니라 참된 소망인가? 대답은 아주 명료하다. 우리 주 예수 그리스도의 부활이 우리의 복된 미래를 보장하는 하나님의 은혜로운 역사이기 때문이다.

사랑하는 친구여! 그리스도인으로서 당신이 예수 그리스도를 신뢰하는 만큼 당신은 당신의 소망을 신뢰할 수 있다. 장래에 대한 당신의 소망은 그리스도와 함께 살고 그리스도와 함께 죽는다. 예수님은 예수님의 주장대로 소망의 주(主)이신가? 그렇다면 당신은 날개를 펴고 하늘 높이 솟아오를 수 있다. 만일 그렇지 않다면 당신은 납덩어리처럼 땅으로 떨어질 것이다.

예수 그리스도는 우리의 소망이시다. 하나님께서 예수님을 죽은 자들로부터 다시 살리셨다. 우리 주님이 죽음을 극복하셨기 때문에 우리는 두려움 없이 죽을 수 있다.

과거에 어떤 불신자들은 그리스도인들을 고문하고 처형함으로써 기독교 복음을 말살할 수 있다고 생각했다. 그러나 곧 무정한 사형집행인들이 죽어가는 그리스도인들의 모습을 이상하게 여겼다. 그리스도인들이 죽음을 전혀 두려워하지 않고 기쁨 가운데 죽었기 때문이다. 그리하여 사형집행인들의 "그리스도인들이 죽어가는 모습을 보라!"라는 말이 퍼지기 시작했다.

내가 여기서 강조하고 싶은 것은 경건한 삶을 사는 그리스도인이 경건한 죽음을 맞이한다는 것이다. 경건한 삶을 살지 못하는 자는 죽을 때 매우 고통스러워한다.

이런 이야기는 우리 시대의 일부 '자판기 신학자들'에게 충격을 줄 것이다. '자판기 신학자들'은 구원이 믿음이라는 구멍에 동전을 넣으면 나오는 것이라고 가르친다. 그들은 "동전을 구멍에 넣고 버튼을 누르십시오. 그러면 다시는 잃어버릴 수 없는 영생(永生)을 얻을 것입니다. 그런 다음 당신이 원하는 대로 사십시오"라고 가르친다.

예수 그리스도의 부활은 우리의 영생을 위한 보증(保證)이다. 경건한 삶을 사는 그리스도인, 산 소망을 가진 그리스도인, 성령으로 거듭나서 하나님과 동행하는 그리스도인, 이런 사람들은 두려움 없이 죽을 수 있다.

스스로 의롭다는 착각을 버리고 하나님의 긍휼하심을 의지하라

하나님께서 당신에게 복을 주시는 것은 하나님의 풍성한 긍휼하심 때문이다.
당신이 선하기 때문이 아니라 하나님의 전적인 긍휼하심으로 당신이 복을 받는 것이다.

"찬송하리로다 우리 주 예수 그리스도의 아버지 하나님이 그 많으신

긍휼대로 …"(벧전 1:3).

하나님께서 어떤 사람은 긍휼로 대하시고 또 어떤 사람은
공의로 대하신다고 믿는 사람들이 우리 시대에 많이 있다. 그
러나 이 문제에 대해 성경은 오해의 여지없이 명백한 교훈을
제시한다. 하나님께서는 모든 사람을 긍휼로 대하신다. 하나님
이 인간에게 베푸시는 모든 유익은 하나님의 긍휼에 따라 베풀
어지는 것이다.

만일 하나님께서 우리를 긍휼로 대하지 않으신다면 우리는

회개할 기회도 갖지 못한 채 멸망하고 말 것이다. 우리는 하나님의 무한한 긍휼의 바다에 떠 있다. 이것은 하나님께서 지극히 악한 죄인까지도 긍휼 가운데 용납하고 계신 것에서도 드러난다.

만일 당신이 그 무엇에 의해 보호를 받고 있다면 그것은 하나님의 긍휼에서 비롯된 것이다. 당신에게 음식과 생필품이 있다면 그것은 하나님의 긍휼 때문에 가능한 것이다. 우리가 어떤 큰 손에 의해 인도 받고 있다면 그것은 하나님의 긍휼에서 비롯된 손이다.

옛적에 다윗은 주께 "나를 긍휼히 여기사 나의 기도를 들으소서"(시 4:1)라고 부르짖었다. 여기서 다윗은 단지 공허한 미사여구를 나열한 것인가? 물론 아니다! 하나님의 긍휼이 없으면 기도 응답도 없다. 다윗의 말은 신학적 진리를 논리적으로 명백히 표현한 것이다. 만일 어떤 사람이 지극히 거룩한 행실을 했다면 그것 역시 하나님의 지속적인 긍휼 때문에 가능했던 일일 것이다.

내가 정신이 멀쩡하여 정신병원에 입원하지 않고 이렇게 살아 있는 것도 하나님의 긍휼하심 때문에 가능한 것이다. 내가 감옥에 있지 않고 이렇게 자유롭게 돌아다니는 것도 하나님의 자비 때문이요, 죽지 않고 살아서 이렇게 일하는 것도 하나님의 은혜 때문이다(당신의 경우도 마찬가지이다).

유대인이든 이방인이든 이슬람교 신자이든 모든 인간에게 공통되는 사실이 있는데, 그것은 그들이 하나님의 긍휼하심 때문에 살아 있다는 것이다(물론 그들이 이 사실을 인정하지 않을지라도 말이다). 그리스도인들은 이 큰 바다, 곧 하나님의 자비의 바다에 대해 어느 정도 알 수 있는 지식을 주신 하나님께 감사드려야 한다.

"찬송하리로다 우리 주 예수 그리스도의 아버지 하나님이 그 많으신 긍휼대로 예수 그리스도의 죽은 자 가운데서 부활하심으로 말미암아 우리를 거듭나게 하사 산 소망이 있게 하시며"(벧전 1:3).

사도 베드로는 자신의 첫 번째 서신의 서두에서 "우리 주 예수 그리스도의 아버지 하나님"을 찬양하는데, 그것은 믿어 거듭난 사람들을 향한 하나님의 '풍성하신'(개역한글성경에는 "많으신"으로 번역되어 있다 - 역자 주) 긍휼 때문이다. 이 '풍성하다'라는 단어를 살펴보기 전에 우선 내가 지적하고 싶은 것이 있다. 그것은 베드로의 입에서 "찬송하리로다!"라는 찬양이 나왔을 때 그가 소위 '영적 시간'을 갖고 있었던 것이 아니라는 점이다. 야영 집회 때 몇몇 사람들에게서 볼 수 있는 '자제력을 잃은' 상태에서 찬양이 튀어나온 것이 아니라는 것이다.

성령의 인도를 받는 삶은 명료하고 논리적이고 이성적(理性的)인 삶이다. 베드로는 정당한 신학적 이유에서 "찬송하리로다!"라고 찬양했다. 그가 하나님을 찬양한 것은 하나님께서 풍성한 긍휼하심으로 말미암아 우리를 거듭나게 하셨기 때문이며, 부활의 주님이 우리에게 죽은 소망이 아닌 산 소망을 안겨주셨기 때문이다.

일시적 기분이나 충동에 따라 살지 말라

성령의 인도하심에 따라 사는 그리스도인은 일시적 기분이나 충동에 따라 살지 않는다. 하지만 일부 그리스도인들은 신령하게 되면 변덕스러운 삶을 살아야 한다고 생각한다. 그들은 충동적으로 행하는 사람일수록 신령한 사람이라고 여긴다.

몇 년 전 대중에게 인기를 끄는 치유 사역자가 있었는데, 그는 자기가 여러 곳을 돌아다니느라고 너무 바빠서 아무 계획도 세울 수 없다고 자랑했다. 그는 사전 계획 없이 우연한 계기로 얻어걸린 집회를 인도하는 식으로 일했기 때문에 집회 때마다 얼렁뚱땅 예배를 인도했다. 그리하여 그는 '종잡을 수 없을 정도로 변화무쌍한 사람'으로 소문이 났다. 그가 인도하는 예배가 찬양으로 시작될지, 헌금으로 시작될지, 설교로 시작될지 아무도 몰랐다.

나는 개인적으로 '종잡을 수 없을 정도로 변화무쌍한 사람'
을 별로 신뢰하지 않는다. 그런 식의 변화무쌍한 행동은 기질
에 기인하는 것일 수 있다. 아니면 게으름이나 기획의 빈곤이
나 뒤떨어진 사고력을 감추기 위한 수단밖에 안 된다. 일시적
기분과 충동과 변덕스러운 행동은 그리스도의 교회에 별로 도
움이 못 된다. 이런 식으로 일하는 사람이 대기업에 들어간다
할지라도 그곳에 전혀 도움이 안 될 것이다.

내가 왜 이런 말을 하는가? 그것은 성령의 인도를 받은 사도
들의 삶이 어떠했는지를 분명히 말하기 위해서이다. 사도들은
기분에 따라 충동적으로 일하거나 성급하게 행동하지 않았다.
그들은 결정된 사항을 자주 바꾸지 않았다. 하나님의 영(靈)의
인도를 받았던 그들은 언제나 하나님께서 기뻐하시는 것을 행
하기를 원했다. 그리하여 하나님께서 그들을 통해 이루기를 원
하신 것들은 언제나 신약성경에 나타난 구속(救贖)의 계획과 하
나님의 뜻과 일치했다.

이런 맥락에서 베드로는 변덕스럽고 충동적인 성격을 극복하
기 전에는 하나님께 별로 도움이 안 되는 사람이었다. 자기 성
질을 못 이기고 영광의 주님을 꾸짖는 베드로는 오히려 주께 방
해가 되는 존재였다. 그때 그는 거의 실패자였다고 할 수 있다.

이상한 행동이 아닌 것은 신령한 것이 아니고, 변덕스러운 행

동이 아닌 것은 성령으로 말미암은 행동이 아니라고 느끼는 사람들에게 나는 분명히 말하고 싶다. 사도들이 신약성경에서 어떤 말을 했을 때는 언제나 그럴 만한 정당한 이유가 있기 때문에 그렇게 한 것이라고 말이다. 언제나 그랬다!

현재 그리스도의 교회를 이루고 있는 우리도 사도들처럼 살아야 한다. 일시적 기분, 오늘의 날씨, 건강 상태, 기도하고 싶은 마음의 유무(有無)에 따라 변덕스럽게 말하고 행동해서는 안 된다. 날씨가 좋든 나쁘든 우리는 마땅히 모이기를 힘써야 한다. 기도하고 싶은 마음이 생기든 생기지 않든 우리는 기도하며 주께 끊임없이 나아가야 한다.

초대교회 교인들에게 쓴 베드로의 편지를 읽을 때, 우리는 그들이 상황이나 기분에 따라 살지 않고 주님을 위해 살았다는 사실을 알 수 있다.

5만 킬로미터 상공의 영성

솔직히 우리 가운데 "내 영성(靈性)은 언제나 높은 수준을 유지하고 있습니다"라고 말할 수 있는 그리스도인은 거의 없을 것이다. 혹시 어떤 성도가 내게 조용히 찾아와 이렇게 말할지 모르겠다.

"토저 목사님, 저는 성령충만하다고 믿습니다. 저는 저의 모든 것을 제단에 바쳤습니다. 하지만 저는 제 연약함에 대해 조언과 도움을 받아야 합니다. 제 감정이나 영성이 항상 일정한 수준을 유지하지는 않기 때문입니다. 때로는 위로 높이 올라가기도 하고 때로는 아래로 뚝 떨어지기도 합니다. 제가 어떻게 하면 좋겠습니까?"

이럴 경우, 나는 다음과 같이 대답하겠다.

"솔직히 말해서 나도 모르겠습니다. 성도님이 그 비결을 안다면 나도 당신에게 배우고 싶은 심정입니다. 진솔한 그리스도인치고 '내 영성은 언제나 높은 수준을 유지하고 있습니다. 나는 언제나 5만 킬로미터 상공에서 날고 있습니다'라고 말할 수 있는 사람은 없습니다. 내가 아는 한 한 사람도 없습니다."

만일 당신이 거짓말하지 않고 "내 영성은 5만 킬로미터 상공에서 한 번도 내려온 적이 없습니다"라고 자신 있게 말할 수 있다면 당신은 정말 복된 사람이고, 나는 당신을 존경해 마지않을 것이다.

진리에 따라 살라

사랑하는 자여! 나는 지금 그리스도인들이 영적으로 오르락내리락할 수밖에 없다는 것을 변호하기 위해 이런 말을 하는 것이 아니다. 내가 말하고 싶은 것은 우리 그리스도인들이 감정이나 기분이 아닌 진리에 따라 살아야 한다는 것이다.

믿음의 조상들 가운데 어떤 사람들은 '기분'이라는 단어를 사용했다. 어떤 날에는 그들의 일기(日記)가 "오늘 아침에는 기분이 매우 좋았다"라는 말로 시작되곤 한다. 또 어떤 날에는 "오늘은 기분이 매우 좋지 않았다" 또는 "오늘은 매우 우울했다"라는 말로 시작되곤 한다. 그들의 기분은 늘 변했다. 오늘날 우리는 표현을 약간 바꾸어 '감정 상태'라는 말을 자주 사용한다. 어떤 찬송가 작사자는 "내 감정 상태가 아무리 좋아도 나는 그것을 믿지 않습니다. 오직 예수님의 이름만을 의지합니다"라고 썼다.

그러므로 사랑하는 자여! 당신은 거룩한 영적 원리에 따라 하나님을 위해 살아야 한다. 변화무쌍한 당신의 '감정 상태'(기분)에 따라 살아서는 안 된다. 아멘!

어떤 사람들은 내가 이런 얘기를 하는 것을 별로 좋아하지 않는다. 그들은 이런 얘기를 신령하지 않은 것이라고 여긴다. 그들은 "우리는 항상 행복해야 합니다. 행복하고 또 행복해야 합니다"라고 말한다. 하지만 그들이 '악의 없는 거짓말'을 중단하고 솔직하게 고백한다면 "사실 전날만큼 행복하지 않은 날도 많이 있습니다"라고 털어놓을 것이다.

이렇게 말하는 사람들을 위한 치료법이 있다. 하나님의 풍성한 긍휼하심을 기억하고 하나님의 말씀을 읽고 기도하고 찬송을 부르는 등 여러 가지 은혜의 방편들을 사용하는 것이다. 그렇게 할 때 우리는 그리스도 안에서 자족하며 살 수 있다. 하나님의 자녀로서 우리는 마땅히 주님 안에서 자족하며 살아야 한다.

하나님께서는 하나님의 자비, 즉 하나님의 풍성하신 자비에 따라 우리를 위해 역사하신다. '풍성한'(abundant)이라는 영어 단어는 아주 큰 것, 또는 지극히 큰 수(數)를 뜻하는 헬라어에서 나온 말이다. 이것은 양적으로나 수적으로 많은 것을 가리킨다. 하나님께서는 하나님의 지극히 큰 수를 따라, 하나님의 크신 긍휼을 따라, 하나님의 많은 자비를 따라 우리를 거듭나게 하신다.

사실 '풍성한'이라는 단어조차 하나님의 자비를 나타내기에는 턱없이 부족한 말이다. 하나님께 속한 것은 무한하다. 하나님은 무한하신 분이기 때문에 하나님의 것 또한 무한하다. 이것은 어느 방향으로 가든지 하나님께는 한이 없다는 뜻이다. 우리가 이것을 이해하는 것은 쉬운 일이 아니다.

언젠가 나는 교인들에게 '하나님의 무한성'에 대해 설교했다. 설교 후에 오직 한 사람만이 내게 찾아와 자기가 그것을 이해했다고 말했다. 내가 볼 때, 그 사람을 제외한 나머지 사람들은 그 설교에서 얻은 것이 하나도 없었던 것이다. 그러나 우리는 머리가 조금 아프더라도 하나님의 무한성에 대해 이해해야 한다. 하나님은 무한하시고 끝이 없으시고 경계가 없으시다. 우주의 어디를 뒤져보더라도 당신은 "여기가 하나님의 한계점입니다"라는 팻말을 찾을 수 없을 것이다.

하나님은 측정되거나 측량될 수 없으시다

하나님에 대해 말하거나 하나님의 사랑과 긍휼에 대해 말할 때, 우리에게는 '의미를 확대하기 위한 수식어'가 필요 없다. 전능하신 하나님은 우주를 채우는 분이시다. 아니, 우주를 채우고도 남는 분이시다. 하나님은 무한한 분, 곧 끝이 없는 분이시다.

우리는 하나님의 크신 사랑에 대해 종종 이야기하는데, 사실 그렇게 할 필요가 없다. 우리가 하나님의 긍휼에 대해 말할 때, 그것이 풍성하다고 굳이 말할 필요가 없다. 실제로는 우리가 그렇게 말하지만 말이다. 우리가 그렇게 말하는 것은 하나님의 긍휼에 등급이 있다고 추론하기 위함이 아니라 하나님에 대한 우리의 생각을 북돋우고 고양하기 위함이다.

'하나님의 긍휼'이라는 말은 지극히 광대한 것을 나타낸다. 그런데 '광대하다'라는 단어조차 하나님의 긍휼을 충분히 표현하지 못한다. 그리스도인들은 어디를 보아도 끝이 없는 것에 대해 말한다. 다시 말해서, 그들은 어디에나 중심은 있지만 어디에도 경계선이 없는 것에 대해 말한다.

우리가 사용하는 수식어들은 이 땅의 것들에 대해 이야기할 때에만 유용하다. 다시 말해서, 가족을 향한 '큰' 사랑, '적은' 믿음, '큰' 믿음, '더 많은' 믿음 같은 표현들을 사용할 때에만 유용하다.

부(富)에 대한 이야기를 예로 들어보자. 우리는 "저 사람은 상당한 재산을 가지고 있다"라고 말한다. 또 우리는 어떤 사람에 대해 "그에게는 상상을 초월할 정도로 막대한 재산이 있다"라고 말한다. '상당한', '상상을 초월할 정도로 막대한' 등 재산의 규모를 나타내는 표현은 다양한데, 우리가 이렇게 다양하게 말할 수 있는 것은 그것을 측정하는 수단이 있기 때문이다.

그러나 하나님에 대해 말할 때 우리는 하나님의 그 어떤 것도 측정할 수 없다. 하나님은 우리가 만들어놓은 등급의 체계 안으로 들어오시지 않는다. 하나님의 부요하심에 대해 말할 때 우리는 우리가 아는 부요함을 다 포함시켜야 한다. "하나님이 더 부요하시다" 혹은 "하나님이 덜 부요하시다"라는 표현은 성립되지 않는다. 우리는 단지 "하나님은 부요하시다"라고 말할 수 있을 뿐이다. 만물이 하나님으로부터 비롯되기 때문이다.

하나님의 자비도 마찬가지이다. "하나님이 더 자비로우시다" 혹은 "하나님이 덜 자비로우시다"라는 표현은 성립되지 않는다. 우리는 단지 "하나님은 자비로 충만하시다"라고 말할 수 있을 뿐이다. 하나님은 자비가 무한하신 분이기 때문이다.

그러므로 여기서 '풍성하다'라는 단어는 하나님을 위해 사용된 것이 아니라 우리를 위해 사용된 것이다. 이것은 우리의 정신을 고양하여 하나님의 무한하신 자비를 깊이 생각하도록 하기 위해 사용된 것이다.

사랑하는 자여! 이제까지 한 말을 한 문장으로 요약하면 이렇다. 하나님의 긍휼은 하나님 자신과 동일하다! 이 한 가지 이유만으로도 하나님에 대한 모든 비교와 비유는 무익한 것으로 판명된다. 하나님께서 얼마나 자비로우신 분인지 알기를 원하는가? 그렇다면 하나님이 얼마나 크신 분인지를 알라.

아프리카 콩고에서 선교사로 일하다가 휴가를 얻어 돌아온 D. C. 콥 목사가 들려준 실화가 있다. 그는 교회에서 집사가 하는 일이 무엇인지를 설명하다가 회심자들을 징계하는 일을 맡고 있던 훌륭하고 담대한 어떤 집사에 대해 이야기했다.

새로 회심한 젊은이가 있었는데 그는 교회에서 큰 문제를 일으켰다. 그는 수차례 규칙을 어겼으며 그리스도인이 해서는 안 되는 행동을 했다. 이 말썽꾸러기를 여러 번 징계하던 그 집사는 그를 다시 한 번 불러서 이렇게 말했다.

"형제여! 당신은 우리를 실망시켰고 그리스도인으로서 해서는 안 되는 부끄러운 행동을 했습니다. 이제까지 저지른 잘못만으로도 충분합니다. 우리가 형제를 처음 징계하기 시작할 때, 우리의 병에는 용서가 가득했지만 이제는 병이 거의 비어 버렸습니다. 이제 우리는 더 이상 형제를 용납할 수 없습니다."

이 실화를 들려주면서 D. C. 콥 목사는 껄껄 웃었는데, 그것은 병의 비유가 기발하다고 생각했기 때문이다. 다시 말해서, 그 말썽꾸러기 젊은이가 더 이상 교회에서 용납될 수 없다는 것을 표현하기 위해 그 집사가 탁월한 비유를 들었다고 그는 생각했다. 그러나 이런 비유는 우리를 다루시는 하나님의 태도를 설명할 수 없다! 하나님의 용서를 담고 있는 병은 뚜껑도 없고 바닥도 없기 때문이다.

하나님께서는 어느 누구에게도 "내 긍휼의 병이 거의 다 비어간다"라고 말씀하지 않으신다.

오래 참으시는 자비

하나님의 병에서 하나님의 자비가 떨어지는 경우가 결코 없다는 것에 감사하자. 우리를 향한 하나님의 행하심은 자비로 가득하다. 그래서 우리는 하나님의 자비가 풍성하다고 말하는 것이다. 이토록 광대한 하나님의 자비의 바다를 사람들이 언제 알게 될 것인가?

우리가 믿음으로 하나님나라에 들어갈 때, 우리는 하나님의 긍휼이 얼마나 큰지를 알게 될 것이다. 그리고 그때 우리는 하나님의 긍휼을 온전히 새롭게 맛볼 것이다. 우리가 거듭난 것은 하나님의 풍성한 긍휼하심 때문이다. 죄인이 수십 년 동안 뻔뻔스럽게 반역의 길을 걸어왔음에도 불구하고 멀쩡한 것 또한 하나님의 긍휼하심 때문이다.

내 아버지는 60세가 되었을 때에야 비로소 그리스도 앞에 무릎을 꿇고 거듭나셨다. 거의 평생이라고 할 수 있는 그 세월 동안 내 아버지는 거짓말을 하고 불경스러운 언어를 쓰고 죄를 지으며 사셨다. 아버지가 주 예수 그리스도께 마음을 드리고 회심하여 구원을 얻고 하나님나라로 들어갈 수 있었던 것은 오로지 하나님의 자비하심 때문이다. 그런데 아버지를 구원한 하나님의 자비만큼 큰 자비가 또 있었으니 그것은 아버지를 60년 동안 용납하고 참아주신 하나님의 자비이다!

지금 내가 하는 말의 의미를 더욱 잘 드러내는 한 가지 이야기가 있다. 몇 세기 전에 한 유대인 랍비가 살았다. 어느 날 그는 고된 여행으로 지친 나그네를 자신의 집에서 하룻밤 묵게 했다.

랍비와 나그네가 식사를 마칠 때쯤 랍비가 "선생님은 매우 고령이시군요"라고 말했다. 그러자 나그네가 "그렇습니다. 100살이 거의 다 되어갑니다"라고 대답했다.

대화를 계속하던 중에 랍비는 나그네에게 자신의 신앙에 대해 말했다. 랍비는 나그네에게 그의 믿음에 대해, 또 그와 하나님 사이의 관계에 대해 물었다. 그러자 나그네가 대답했다.

"나는 하나님을 믿지 않습니다. 나는 무신론자입니다."

이 말을 들은 랍비는 화가 나서 자리에서 벌떡 일어나 문을 열고 나그네에게 소리쳤다.

"나는 무신론자를 내 집에서 묵게 할 수는 없습니다! 당장 나가주십시오!"

여행에 지친 나그네는 아무 말 없이 다리를 절뚝거리며 밖으로 나갔다. 밖은 어두컴컴했다. 랍비는 문을 닫고 자리에 앉았다. 그의 앞에는 촛불이 켜 있고 구약성경이 놓여 있었다. 그때 그에게 "아들아, 너는 어찌하여 저 나그네를 내쫓았느냐?"라는 음성이 들리는 듯 했다.

랍비가 대답했다.

"저 나그네는 무신론자입니다. 저는 무신론자를 제 집에서 묵게 할 수 없기 때문에 내쫓았습니다."

그러자 하나님께서 말씀하셨다.

"아들아, 나는 그를 거의 100년 동안 용납하고 참아주었는데, 너는 고작 하룻밤을 못 참느냐?"

랍비는 즉시 자리에서 일어나 어둠 속을 뚫고 달려가 나그네를 따라잡았다. 그리고 나그네를 집으로 데려와 마치 오랜 세월 동안 만나지 못한 형제를 만난 것처럼 친절하게 대접했다.

하나님께서 이 무신론자를 거의 100년 동안 참아주신 것은 하나님의 긍휼 때문이다. 하나님께서 죄인인 내 아버지를 60년 동안 참아주신 것도 하나님의 자비 때문이다. 하나님이 내 인생의 처음 17년 동안, 또 그 후 이제까지 나를 참아주신 것 역시 하나님의 자비 때문이다.

복을 주시는 이유

성경은 하나님이 우리를 자비의 마음으로 대하신다고 분명히 밝힌다. 또한 성경은 하나님께서 결코 자비를 저버리지 않으신다고 말한다. 이것은 "여호와께서는 만유를 선대하시며 그 지으신 모든 것에 긍휼을 베푸시는도다"(시 145:9)라는 다윗의 고백에서도 드러난다.

"하나님께서는 이런 때는 하나님의 이런 속성에 따라 행하시고, 저런 때는 하나님의 저런 속성에 따라 행하신다"라고 말하는 사람들이 있지만, 그들의 생각은 완전히 잘못된 것이다. 다시 말하지만, 하나님은 인간을 대하실 때 하나님의 어떤 속성도 저버리지 않으신다.

하나님께서는 가룟 유다가 지옥에 떨어질 때 자비의 속성을 저버리지 않으셨으며, 베드로를 용서하실 때 공의의 속성을 저버리지 않으셨다. 어떤 경우에도 하나님은 하나님의 무한한 속성들 가운데 어느 것 하나 저버리지 않으신다. 그렇기 때문에 100세까지 살면서 하나님 앞에서 매 순간 죄를 짓는 죄인이라 할지라도 마지막 순간에 하나님께 긍휼을 얻을 수 있는 것이다. 그 죄인은 여전히 하나님의 자비의 바다 위에 떠 있는 것이다. 죄인이 소멸되지 않는 것은 하나님의 긍휼 때문이다.

그러나 친구여! 장차 죄인들은 하나님의 자비하심으로 살고 있는 현재의 이 땅을 떠나야 한다. 그러면 그들은 주님으로부터 "내가 너희를 도무지 알지 못하니 불법을 행하는 자들아 내게서 떠나가라"(마 7:23)라는 무서운 말씀을 듣게 될 것이다. 하나님의 자비가 그들을 일평생 지켜주었지만, 결국 그들의 영원한 거처는 지옥이 될 것이다. 구속(救贖)의 자비를 거절한 영혼에게 마땅히 돌아가야 할 몫은 지옥이다.

우리 그리스도인들이 반드시 알아야 할 것이 있다. 우리가 자비의 문을 통과한 후에 자비 없이도 살 수 있을 것이라고 착각해서는 안 된다. 우리는 자비의 방 안에 있다. 우리의 성소는 자비의 성소이다. 우리는 자기의(自己義)에 빠져서는 안 된다. 우리가 훌륭한 삶을 살기 때문에 하나님께 복을 받는다고 착각해서는 안 된다. 우리가 선하기 때문에 복을 받는 것이 아니다.

하나님께서 당신에게 복을 주시는 것은 하나님의 풍성한 긍휼하심 때문이다. 다시 말해서, 당신이 선하기 때문이 아니라 하나님의 전적인 긍휼하심으로 당신이 복을 받는 것이다. 당신이 하나님의 선하심의 수혜자(受惠者)라는 사실을 망각하지 말라! 그것은 하늘의 뜻이 아니다. 갈보리 십자가를 망각하지 말라!

이와 관련해서 우리가 또 주목해야 할 점이 있다. 하나님의 사람들이 하나님처럼 거룩해지는 것이 하나님의 뜻이지만, 그렇다고 해서 하나님이 거룩함의 정도에 따라 우리를 대하시는 것은 아니라는 사실이다. 하나님은 하나님의 풍성하신 긍휼에 따라 우리를 대하신다. 정직한 성도들은 이 말에 동의할 것이다.

긍휼을 멸시하는 자는 심판을 각오해야 한다

우리는 하나님의 공의와 심판을 믿는다. 그런데 긍휼이 심판을 이기는 유일한 이유가 무엇인가? 그것은 하나님께서 구속이라는 하나님의 거룩하고 전지전능한 역사를 통해 우리로 하여금 공의를 피해 긍휼의 바다에서 살 수 있게 하셨기 때문이다.

의롭게 된 사람, 예수 그리스도를 믿는 사람, 새로 태어난 사람, 즉 구속받은 하나님의 자녀는 하나님의 긍휼 안에서 살아간다.

그러나 의롭지 못한 사람, 즉 회개하지 않은 죄인은 어떤가? 죄인들도 하나님의 긍휼 안에서 살 수 있지만, 죄인들에게 허락된 긍휼은 풍성한 것이 아니다. 더욱이 그들은 장차 하나님께 심판을 받아야 한다. 그들이 하나님의 긍휼을 얻어 질병이나 죽음을 면하여 살아왔다 하더라도, 하나님의 긍휼에 보답하지 않고 그것을 계속 짓밟는다면 결국에는 심판을 받을 수밖에 없을 것이다. 심판의 날이 이르면 결코 돌이킬 수 없다.

겸손한 마음으로 기도하면서 회개하자. 우리가 하나님의 긍휼 안에서 살고 있기 때문이다. 나는 어떤 사람이 십계명에 대해 배운 후에 이렇게 기도했다는 이야기를 들은 적이 있다.

"하나님, 제가 제1계명, 제3계명, 제4계명 그리고 제7계명을 범한 것을 인정합니다. 그렇지만 아버지여, 제가 제2계명, 제5계명, 제6계명 그리고 제10계명을 지킨 것을 기억하소서!"

정말 어리석은 기도가 아닐 수 없다! 이런 것은 장사꾼처럼 하나님과 거래하려고 하는 것에 불과하다. 우리의 알량한 선함을 내세워 하나님의 마음을 움직이려고 하는 것은 멍청한 짓이다.

우리는 그 옛날 토머스 후커(Thomas Hooker, 1586~1647. 탁월

한 청교도 신앙인)가 임종 때 보여준 모습을 통해 큰 교훈을 얻을 수 있다. 그의 임종을 지켜보고 있던 사람들이 그에게 "후커 형제, 이제 당신은 이 세상을 떠나면 상급을 받을 것입니다"라고 말했다. 그러자 그는 "아닙니다. 나는 긍휼을 얻기 위해 가는 것입니다"라도 대답했다고 한다.

얼마나 놀라운 모범인가! 그리스도의 몸 된 교회에서 매우 거룩한 사람으로 평가 받은 후커는 이 세상을 떠날 때 상급을 기대하지 않고 오히려 하나님의 긍휼을 기대했다.

현재의 모습 그대로 하나님께 나아가라

사랑하는 자여! 당신에게 이 말을 반드시 하고 싶다. 이제까지 당신 자신을 바라보며 살았다면 이제부터는 자비가 풍성하신 주님을 바라보며 살라. 당신 자신을 고치고 곧게 만들려고 시도하는 것으로는 부족하다. 당신은 당신 모습 그대로 하나님께 나아가야 한다.

언젠가 폴 레이더(Paul Rader, 1879~1938. 20세기 초 영향력 있는 복음전도자들 중 한 사람)가 어떤 화가에 대한 이야기를 들려주었다. 이 화가는 도시의 뒷골목을 떠도는 부랑자의 비참한 모습을 화폭에 담으면 꽤 훌륭한 그림이 탄생할 것이라는 영감(靈感)을 얻었다.

그는 로스앤젤레스의 스키드 로우 구역(미국 최대 노숙자 거리)으로 가서 자신의 구상에 딱 들어맞는 사람을 발견했다. 그 사람은 더러운 누더기를 걸친 채 피곤에 찌들어 있었으며 도시의 흉한 것들에 오히려 더 잘 어울리는 모습을 하고 있었다.

화가는 그 사람에게 다가가 "내일 아침 내 작업실에 오면 적당한 수고비를 주겠습니다"라고 말했다.

이 말을 들은 부랑자는 갑자기 얼굴이 밝아졌고 눈에서는 기쁨의 빛이 감돌았다. 그는 "그러니까 선생님 말씀은 나를 모델로 그림을 그리시겠다는 것입니까?"라고 물었다.

"그렇습니다. 나는 당신을 모델로 삼아 그림 그리기를 원합니다. 지금 당장 50달러를 주겠습니다. 내일 아침 내 작업실로 오면 어떻게 해야 할지 설명해주겠습니다."

다음 날 아침, 화가의 집에 초인종이 울렸다. 문을 연 화가는 자기 앞에 서 있는 사람이 누구인지 알아보지 못했다. 전날 그 부랑자가 말끔히 면도를 한 채 흰 셔츠와 다리미질이 잘 된 바지를 입고 서 있었기 때문이다.

그는 자랑스럽게 말했다.

"선생님의 작업실에 오면서 부랑자 같은 모습으로 오기 싫었습니다. 그래서 선생님이 주신 돈으로 때 빼고 광내서 이렇게 말쑥해졌습니다."

화가가 울상을 지으며 말했다.

"하지만 당신이 이런 모습으로 왔기 때문에 나는 당신을 모델로 사용할 수 없습니다. 나는 당신이 본래의 모습으로 올 것이라고 생각했습니다."

예수님은 기도하기 위해 성전에 올라간 두 사람에 대해 말씀하셨다. 그중 한 사람은 "오, 하나님! 저는 모든 것이 완벽합니다. 머리카락 하나도 전부 제자리에 있습니다"라고 기도했다. 그러나 다른 한 사람은 "오, 하나님! 저는 방금 전까지 노숙자 보호소에 있다가 기다시피 하여 이 자리에 왔습니다. 저를 긍휼히 여기소서!"라고 기도했다. 하나님께서는 노숙자 보호소의 부랑자를 용서하셨지만 처음 사람은 그냥 돌려보내셨다. 처음 사람은 회개하지 않고 용서받지 못한 채 완고한 마음으로 돌아갔다.

우리는 자신의 현재 모습 그대로 하나님께 나아가야 한다. 물론 겸손히 회개하면서 말이다. 만일 자기가 남들보다 더 훌륭하고 의롭다고 여기면서 하나님께 나아가는 사람이 있다면, 그런 사람은 하나님의 임재를 스스로 거부하는 것이다. 그러나 어떤 사람이 하나님의 긍휼을 의지해서 하나님께 나아간다면 그 사람은 회개하는 마음으로 하나님께 나아가는 것이다. 하나님은 이런 사람을 용서하시고 그에게 복을 주겠다고 약속하셨다. 하나님은 그를 하나님의 품에 안으시고 그에게 "내가 베푸는 친절은 나의 긍휼에서 나오는 것이다"라고 말씀하신다.

죄인이 하나님께 이런 대우를 받는다면 더 바랄 것이 있겠는가?

네 주인 앞에서 마음을 낮추라

PART 02

하나님은 교만하고 완고한 사람을 대적하신다. 우리가 교만한 마음을 품을 때, 하나님은 그것을 하나님을 대적하는 것으로 간주하신다. 사람들은 대개 하나님의 반대편에 서서 하나님의 방법을 대적한다. 그러나 성경이 우리에게 분명히 가르치는 것이 있다. 교만하고 완고한 사람이 하나님을 대적하면 하나님이 그 사람을 대적하신다는 것이다.

삶의 모든 영역에서
하나님의 거룩한 임재를 갈망하라

당신은 순간순간마다 하나님의 지식과 임재를 갈망해야 한다.
그렇게 되면 당신이 인간적인 방법들을 동원하여 애쓰지 않더라도 당신 안에 성령님이 임하셔서
당신의 증거가 열매를 맺도록 도우실 것이다.

"오직 너희를 부르신 거룩한 자처럼 너희도 모든 행실에 거룩한 자가

되라 기록하였으되 내가 거룩하니 너희도 거룩할지어다 하셨느니라"

(벧전 1:15,16).

성경을 부지런히 연구하는 사람은 한 가지 분명한 사실을
안다. 그것은 하나님께서 우리 각 사람의 거룩함의 문제를 매
우 중요하게 여기신다는 사실이다. 그런데 현대 그리스도인들
의 태도를 조금만 살펴봐도 우리는 대부분의 그리스도인들이
이 거룩함의 문제를 단지 개인적 선택의 문제로 여긴다는 것을
쉽게 알 수 있다. 그들은 "거룩함의 문제에 대해 생각해봤지만

거룩함을 위해 특별히 노력할 필요는 없다고 결론을 내렸습니다"라고 말한다.

나는 '명령하다'라는 말보다 '권면하다'라는 말을 더 좋아한다. 베드로가 그리스도인들에게 삶과 대화의 거룩함을 강하게 권면했던 것을 상기해보라. 베드로는 두 가지 사실에 근거해서 권면했는데, 첫째는 하나님의 성품에 근거해서, 둘째는 하나님의 명령에 근거해서 권했다.

베드로의 논리는 아주 단순하기 때문에 우리처럼 복잡한 사람들은 오히려 그의 논리를 받아들이지 못한다. 하나님께서 거룩하시므로 하나님의 자녀들도 거룩해야 한다는 것이 그의 논리이다!

우리는 베드로가 사도이며, 사도의 권위를 가지고 우리에게 명령한다는 사실을 쉽게 망각한다. 그가 사도의 권위를 가지고 명령하는 것은 구약성경에 나타난 하나님과 하나님의 성품에 부합하는 것이며, 또 우리 주 예수께서 제자들에게 가르치고 계시하신 것에 부합하는 것이다.

내 개인적인 의견을 말하겠다. 내가 볼 때, 사도들이 전해준 신앙을 받아들였다고 자부하는 우리에게는 사도들의 명령을 무시할 수 있는 특권이 없다. 물론 나는 목회자가 강요하거나 교회가 억지로 시킬 수 있다고 말하는 것이 아니고, 다만 우리

가 "거룩하라"라는 명령을 무시해서는 안 된다고 말하는 것뿐
이다.

현명한 선택

"거룩하라"라는 말이 사도의 말이므로 우리는 그의 말을 무
시하지 말고 어떤 식으로든 그의 말에 반응해야 한다.

사실 거룩함의 문제에 대해 자기의 의견을 자신 있게 말할 수
있는 사람은 거의 없다. 성경을 연구한 다음에 "나는 거룩함의
문제를 깊이 생각한 후에 내 마음에 들면 그것에 힘쓰겠다"라
고 말할 수 있는 권리나 특권이 우리에게 없다. 이런 식으로 말
하는 것은 이 시대의 풍조를 좇아 말하는 것밖에 안 된다.

당신은 성경의 교훈이 마음에 들지 않으면 그것을 거부해도
아무 문제가 없다고 생각하는가? 만일 그렇게 생각한다면 당신
의 신앙과 영성(靈性)은 크게 잘못된 것이다.

당신이 헌신적이고 진지한 그리스도인이라면 우리 주님과
사도들의 명령을 간과하거나 무시할 수 없을 것이다. 당신은
당신을 향한 하나님의 소원과 명령을 판단이라는 저울에 달아
본 후에 하나님의 뜻을 따를지 말지를 결정해도 좋다고 생각하
는가? 결코 그럴 수 없다. 하나님은 그렇게 말씀하지 않으셨다.

믿음이 있다고 고백하는 그리스도인들이 "나는 그리스도인

의 진정한 자유가 무엇인지 깨달았기 때문에 사소한 문제들에 얽매일 이유가 없다"라고 말하는 경우가 종종 있다. 물론 당신이 당신의 뜻대로 선택하고 결정하는 일이 실제로 일어날 수 있다. 하나님께서는 당신에게 선택의 능력을 주셨다. 하나님께서는 당신에게 억지로 멍에를 메우지 않으신다. 당신은 어떤 것이 정말 싫은 경우에 그것을 거부할 수 있다.

그러나 당신은 당신의 선택이 어떤 결과를 낳을지에 대해 깊이 생각해야 한다. 이와 관련해서 우리가 신약성경에서 분명히 발견할 수 있는 점이 있다. 그것은 많은 제자들이 예수님을 일정 기간 따르다가 결국은 떠났다는 사실이다.

언젠가 예수님은 제자들에게 "내가 진실로 진실로 너희에게 이르노니 인자(人子)의 살을 먹지 아니하고 인자의 피를 마시지 아니하면 너희 속에 생명이 없느니라"(요 6:53)라고 말씀하셨다. 이 말씀을 들은 제자들 가운데 많은 사람들이 놀란 표정으로 서로를 쳐다본 다음 예수님을 떠났다.

그러자 예수님은 열두 제자에게 "너희도 가려느냐"(요 6:67)라고 물으셨다. 그때 베드로가 "주여 영생의 말씀이 계시매 우리가 뉘게로 가오리이까"(요 6:68)라고 대답했다.

나는 언제라도 베드로처럼 대답할 것이다! 베드로의 대답은 현명한 대답이었다. 사랑과 헌신에서 우러나온 대답이었다.

하나님은 거룩함의 문제를 중요하게 여기신다

그리스도인으로 살면서 우리는 억지로 멍에를 멜 수 없다. 그렇지만 우리는 우리의 영적 성장과 관련된 문제에서 지혜로운 선택을 해야 한다.

하나님의 교훈을 거부할 수 있는 자유의지가 당신에게 있는 것은 사실이다. 그러나 예수님의 교훈을 거부한 후에 당신은 어디로 갈 것인가? 예수님의 말씀을 뿌리친 다음 당신은 어디로 향할 것인가? 예수님의 말씀의 권위를 인정하지 않고서 어떤 권위에 복종하려는가? 그럴 경우 아마 당신은 또 다른 사람을 찾아갈 것이다. 그러나 우리는 코의 호흡이 끊기면 세상을 떠나야 하는 인간에 불과하다.

나는 하나님말씀과 그 말씀의 권위에 대한 전통적인 믿음을 갖고 있다. 만약 당신이 그 말씀을 무시하거나 그 말씀의 명령을 따라도 좋고 따르지 않아도 좋은 것으로 여긴다면, 당신의 영혼은 위험에 빠질 것이고 장차 무서운 심판에 직면할 것이다.

사랑하는 자여! 다시 말하지만, 하나님은 거룩함의 문제를 지극히 중요하게 여기신다. 내가 성구사전을 찾아본 바에 의하면, 성경에는 '거룩함'(holiness)이라는 영어 단어가 650번 나온다. 이와 비슷한 단어들, 예를 들면 '거룩하게 하다'(sanctify)나 '거룩하게 된'(sanctified)이라는 단어들까지 포함하면 그 횟수는 약 1,000번에 이를 것이다.

'거룩'(holy)이라는 단어는 천사들의 성품, 천국의 본질 그리고 하나님의 성품을 묘사하는 데 사용된다. 성경은 천사들이 거룩한 존재라고 기록하고 있다. 이 땅에서 벌어지는 인간의 일들을 내려다보는 천사들은 '지켜보는 자들' 또는 '거룩한 자들'이라고 불린다.

성경에 따르면, 천국은 거룩한 곳이기 때문에 깨끗하지 못한 자들이 들어갈 수 없다. '거룩하신 주', '거룩하신 영(靈)' 그리고 '거룩하신 여호와 곧 전능의 하나님' 등의 표현에서 알 수 있듯이 하나님은 하나님 자신을 '거룩하다'라는 형용사를 사용해서 말씀하신다. 우리는 성경 곳곳에서 이 형용사를 볼 수 있는데, 이것은 하나님을 가리킬 때 사용하는 최고의 형용사라고 할 수 있다. 그러므로 하늘의 천사들조차 하나님의 거룩함에 (상대적 의미에서) 참여하는 것에 불과하다.

또한 성경에 따르면, 거룩하지 못한 존재는 하나님을 볼 수 없다고 한다. 나는 "거룩함을 좇으라 이것이 없이는 아무도 주를 보지 못하리라"(히 12:14)라는 성경구절에 대한 몇 가지 황당한 해석을 잘 알고 있다. 어떤 이들은 거룩함에 대한 자신들의 황당한 이론을 뒷받침하기 위해 이 구절을 오용하지만, 나는 이 구절을 결코 집어 던지지 않는다. 이 구절은 우리를 위해 주어진 하나님의 말씀이다. 우리는 이 구절의 의미를 정확히 이해하고 적용해야 한다.

거룩함의 진정한 의미

그렇다면 '거룩함'이라는 말은 무엇을 의미하는가? 이것은 '부정적인 경건'을 의미하는가? 다시 말해서, 그토록 많은 사람들이 말만 들어도 꽁무니를 빼는 '부정적인 경건'을 의미하는가?

물론 그렇지 않다! 성경이 말하는 거룩함은 '도덕적으로 온전해지는 것'이다. 친절, 자비, 순결, 흠이 없는 것 등을 포함하는 긍정적인 경건이다. 우리는 언제나 거룩함을 매우 긍정적이고 적극적인 의미로 해석해야 한다. 성경에서 하나님이 거룩하다고 말할 때, 거기에는 "하나님은 지극히 적극적인 의미에서 친절하고 자비롭고 깨끗하고 흠이 없으시다"라는 뜻이 담겨 있다.

어떤 사람이 거룩하다고 말할 때, 그 사람이 하나님처럼 절대적으로 거룩하다는 의미는 아니다. 그러나 인간의 거룩함을 가리킬 때에도 그것은 부정적인 의미의 거룩함이 아니라 긍정적이고 적극적인 의미의 거룩함이다.

다시 말하지만, 성경이 말하는 진정한 거룩함은 긍정적인 것이다. 거룩한 사람은 신뢰할 수 있는 사람이다. 시험을 해보면 거룩한 사람인지 아닌지를 알 수 있다. 경건의 부정적 기준에 따라 살려고 애쓰는 사람들, 즉 거짓 선지자가 돈을 받고 팔아넘긴 경건의 공식(公式)에 따라 살려고 애쓰는 사람들은 어려운 시험의 때를 통과하지 못하고 곧 무너지고 만다. 진정한 거룩함을 가진 사람은 시험을 당해도 요동하지 않는다. 거룩함이 무너지는 것은 애초에 거룩함이 없었다는 증거이다.

개인적으로 나는 겸손한 하나님의 사람들의 간증과 메시지를 듣고 많은 영향을 받았다. 나는 그들이 역사상 가장 위대한 신앙인들이라고 생각한다. 내가 그들에게 배운 바에 따르면, 히브리서에서 사용된 "거룩"이라는 단어의 개념에는 본래 도덕적 의미가 함축되어 있지 않았다고 한다. 무엇보다도 하나님께서 순전한 분이시라는 의미가 함축되어 있지 않았다는 것이다. 왜냐하면 그것은 너무나 당연한 것으로 간주되었기 때문이다.

'거룩하다'라는 말의 어근은 초월적인 어떤 것, 즉 기이하고 신비롭고 외경(畏敬)의 어떤 것을 의미한다. 하나님의 거룩함에 대해 말하는 것은 신성하고 외경하고 두려움을 불러일으키는 어떤 것에 대해 이야기하는 것이다. '거룩하다'라는 말이 하나님에 대해 사용될 때, 그것은 지고(至高)의 의미를 지닌다. 그것이 인간에 대해서도 사용될 수 있는데, 우리는 하나님의 사람들에게서 거룩함을 발견할 수 있다. 당신이 하나님을 닮아갈수록 당신은 더욱 거룩해진다.

거룩함은 다른 세계가 있다는 것을 인식하는 사고(思考)요, 하나님의 사람들에게 임하여 머무는 신비로운 성질이요, 그들을 세상 사람들과 구분하는 어떤 것이다. 그런 것이 거룩함이다!

만일 어떤 사람이 그런 느낌은 있는데 도덕적으로는 올바르지 않다면, 나는 그의 거룩함이 사탄이 만들어낸 가짜라고 말하고 싶다. 사탄은 진짜를 매우 두려워하는데, 그럴 때 사탄은 가짜를 만들어낸다. 진짜를 찾아서 순종하려고 애쓰는 사람들이 가짜를 보고 무서움을 느껴 도망가도록 하는 것이 사탄의 전술이다. 진짜를 지극히 두려워하는 사탄은 모조품을 만들어내는 데 선수이다. 사탄은 모조품을 진짜처럼 제시하는데, 몇몇 성도들은 그것을 보고 무서움을 느껴 줄행랑을 친다.

나는 거룩함의 전매특허를 받은 것처럼 자처하는 사람들에게 쓴소리를 하지 않을 수 없다. 그들은 거룩함의 교리를 기계적인 공식으로 만들어 진정한 회개를 가로막는다. 그들이 만들어낸 공식은 천박함, 탐욕, 교만 그리고 세속성을 은폐하는 데 이용된다. 나는 그들이 어떤 결과를 불러왔는지 목격하고 있다. 일부 성도들은 거룩함이라는 말에 환멸을 느끼고 있다. 말로만 거룩함을 떠드는 사람들이 실제로는 이기적이고 오만한 삶을 사는 경우가 많다.

사랑하는 자여! 당신은 사도의 명령이라는 거룩한 권위에 순종해야 한다. 하나님의 사람들이 말씀을 통해 내게 일깨워준 것이 있다. 즉, 우리가 하나님의 거룩한 자녀이기 때문에 하나님께서는 우리가 거룩한 사람이 되기를 원하신다는 사실이다. 거룩에 대한 성경의 교훈이 일부 사람들에 의해 종종 심하게 훼손된 것은 사실이지만, 그래도 하나님을 기쁘게 해드리는 마음으로 살기를 간절히 원하는 자들을 위해 하나님은 순수하고 온유한 성령을 허락하셨다.

성령의 도우심과 신비로운 임재를 날마다 체험하고, 이 땅에서 하나님나라의 향기를 내뿜으며, 하나님의 거룩한 길로 가고자 하는 성도가 있는가? 그렇다면 그 성도의 거룩함은 하나님으로부터 비롯된 것이라 할 수 있다.

모세 얼굴의 광채

모세가 산에서 내려올 때 이런 거룩함의 징후와 특징이 그에게서 나타났다는 것을 기억하라. 산에서 내려오기 전에 그는 40주야를 하나님과 함께 있었다. 이스라엘 백성들은 그가 어디에 있었는지 알았다. 그의 얼굴에서는 광채가 났는데, 이것은 하나님의 임재의 영광이 여전히 남아 있었기 때문이다. 이 기이한 현상은 인간으로서는 이해하거나 규명하기 어려운 신비로운 것이었다.

그러나 나는 탄식할 수밖에 없다. 오늘날에는 우리가 거룩한 임재에서 나오는 이런 신비로운 광채를 찾아보기 힘들기 때문이다. 아주 오래 전에 신학자들은 이것을 가리켜 '신적(神的) 임재의 신비로움'이라고 불렀다. 이것은 단순히 의로운 차원에서 끝나지 않는 그 무엇, 즉 두렵고 기이하고 신성한 의미에서 의로운 것이다. 이것은 마치 신비로운 불이 탈 때 나오는 빛과 같다.

하나님을 당신의 수준으로 끌어내리지 말라

현재 우리가 이런 광채를 보기 힘든 것은 자명한 일이다. 우리가 하나님을 우리의 수준으로 끌어내렸기 때문이다. 오늘날 우리는 교회들에서 "복음을 잡담거리로 삼아서 예수님을 사람들에게 판매하라"라는 말을 종종 듣는다.

우리가 여전히 의(義)에 대해 말하지만, 우리에게는 말로 표현하기 어려운 '임재의 신비로움'이 없다. 다시 말해서, 신비로운 불에서 나오는 것 같은 광채가 없다. 당신도 알겠지만, 구약 성경을 보면 신비로운 불꽃이 떨기나무에서 발견되었다.

무릇 불이 사람들의 통제 아래에 있다면 사람들은 불을 두려워하지 않을 것이다. 작은 불은 두려움의 대상이 아니다. 그러나 모세는 작은 불을 두려워했다. 두려움을 느낀 모세는 불이 붙은 떨기나무 앞에서 신을 벗고 얼굴을 가렸다. 그는 신비로운 불을 본 것이다. 하나님의 임재가 나타났을 때, 그는 하나님의 거룩함에 완전히 압도되었다. 후에 산에 홀로 있으면서 나팔 소리를 들었을 때, 모세는 떨면서 "내가 심히 두렵고 떨린다"(히 12:21)라고 말했다.

우리는 이스라엘 위에 머물렀던 저 '쉐키나'(Shekinah, '거주'라는 뜻의 히브리어를 음역한 단어로서 하나님 임재의 불꽃을 지칭한다)에 자꾸 끌리는데, 그것은 이 단어가 하나님께서 임재하실 때의 거룩함을 보여주기 때문이다. 이스라엘 위에 머문 구름은 수증기로 된 구름도 아니며 땅에 그림자를 드리우는 구름도 아니었다. 그야말로 신비로운 구름이었다.

낮의 빛이 사라지기 시작할 때 이 구름은 백열(白熱)하기 시작했고, 어둠이 찾아올 때 이것은 마치 이스라엘 위에 걸린 거대한 등처럼 빛을 발했다. 이스라엘 위에 머문 이 기이한 쉐키나는 다이아몬드 형태로 생긴 야영지 안에 있는 모든 장막에 빛을 비추기에 충분했다. 이 불은 사람이 만든 것이 아니었다. 그 불에 연료를 넣거나 그 불을 관리하는 사람도 없었다. 그것은 하나님께서 이스라엘 백성들에게 가시적(可視的)으로 자신을 드러내신 것이며, 하나님의 임재 가운데 이스라엘 위에 빛을 비추신 것이다.

여기서 나는 이런 상상을 해본다. 어떤 이스라엘 여인이 어린 자녀의 손을 잡고 야영지 안을 걸어간다. 그녀는 무릎을 꿇고 아이에게 "네게 놀라운 것을 보여줄게. 바로 저거란다. 저길 봐라!"라고 속삭인다.

그러면 십중팔구 아이는 "엄마, 저게 뭐예요?"라고 물을 것이다.

그러면 그 여인은 엄숙한 목소리로 이렇게 대답할 것이다.

"저건 하나님의 영광을 나타낸단다. 하나님이 저기 계신 거야. 예전에 우리의 지도자 모세가 저 불을 떨기나무에서 보았단다. 그리고 후에는 저 불을 산에서 또 보았지. 우리가 애굽을 나온 이후로 저 하나님의 불이 우리와 항상 함께하고 우리 위에 머물러 있단다."

"그렇지만 엄마, 저기에 하나님이 계시다는 걸 어떻게 알아요?"

"저 불의 임재 때문이란다. 다른 세계에서 온 신비로운 임재 때문에 알 수 있단다."

이 쉐키나, 이 하나님의 임재에는 특별히 도덕성의 의미가 함축되어 있지 않았다. 왜냐하면 그것은 너무나 당연한 것으로 여겨졌기 때문이다. 그것에 함축된 의미는 '공경', '외경', '엄숙함', '영적 감동', '이 세상과 다름', '놀랍고 영광스러움' 등이다. 우리가 성전 안에서 느낄 수 있는 이런 모든 뜻이 거기에 담겨 있었다.

이것이 오순절에 다시 임했다. 오순절에 동일한 불이 임하여 사람들 위에 머물렀다. 인간의 눈에 보이지 않는 분이 가시적(可視的)으로 자신을 나타내셨다. 만일 그 당시에 사진기가 있었다 해도 그 "불의 혀같이 갈라지는 것"(행 2:3)을 사진으로 찍을 수는 없었을 것이다. 하지만 그 "불의 혀"는 분명 사람들에게 나타났다. 그들은 이 거룩한 불 속에 있거나 이 거룩한 불에 둘러싸여 있다는 느낌을 받았을 것이다.

믿는 사람들이 솔로몬 행각에 모일 때에도 이 불이 너무나 강력했기 때문에 불신자들은 감히 가까이 가지 못하고 어느 정도 떨어져 있어야 했다. 마치 늑대들이 모닥불에 가까이 가지 못하고 어느 정도 떨어져 있듯이 말이다. 그들은 뻔히 보면서도 믿는 자들의 모임에 끼어들지 못했다(행 5:13 참조).

왜 그랬을까? 권력자들이 그들에게 그리스도인들과 상종하지 말라고 명령했는가? 이 기도하는 사람들, 즉 겸손하고 깨끗한 사람들에게 가까이 가지 말라는 경고는 없었다. 그럼에도 불구하고 믿지 않는 자들은 그리스도인들에게 가까이 가지 못했다. 그리스도인들이 모인 곳으로 몰려가 그곳을 쑥대밭으로 만들지 못했다. 결론적으로 말해서, 불신자들이 신자들 가까이에 가지 못하는 것은 신자들 가운데 나타나는 거룩하고 신비로운 임재 때문이다.

후에 사도 바울은 고린도 교인들에게 성령의 신비로운 충만에 대해 이렇게 설명했다.

"그러므로 온 교회가 함께 모여 다 방언으로 말하면 무식한 자들이나 믿지 아니하는 자들이 들어와서 너희를 미쳤다 하지 아니하겠느냐 그러나 다 예언을 하면 믿지 아니하는 자들이나 무식한 자들이 들어와서 모든 사람에게 책망을 들으며 모든 사람에게 판단을 받고 그 마음의 숨은 일이 드러나게 되므로 엎드리어 하나님께 경배하며 하나님이 참으로 너희 가운데 계시다 전파하리라"(고전 14:23-25).

모든 거룩함이 하나님에게서 비롯되듯이 이런 임재도 하나님에게서 비롯된다.

당신은 그리스도 안에서, 또 하나님의 영(靈)에 의해 새롭게 되었는가? 당신은 삶의 모든 영역에서 하나님과 그리스도를 닮아가고 있는가? 만일 그렇다면 저 거룩하고 신비로운 불이 당신에게도 임할 것이다.

거룩한 빛으로 빛나는 성도

나는 거룩한 빛으로 빛나는 성도들을 몇 명 만나보았다. 그러나 그들 자신은 오히려 그것을 의식하지 못했다. 왜냐하면 그들이 온유하고 겸손했기 때문이다. 나는 그들과의 교제를 통해 매우 많은 것을 얻었는데, 그것은 내가 지식적(知識的)으로 배운 것보다 더 컸다. 물론 나는 이제까지 살면서 성경 교사들에게 많은 것을 배웠다. 하지만 대부분의 경우, 그들은 내 머리만을 가르쳤을 뿐이다. 내 마음에 진정한 가르침을 준 사람들은 하나님과 하나님의 임재를 드러내는 기이하고 신비로운 그 무엇을 소유한 소수의 사람들이었다.

주님 안에서 형제 된 사람에 대해 "그 사람은 진실로 하나님의 사람이다"라고 말할 수 있다면 그것은 정말 아름다운 일이다. 우리는 굳이 그런 사람의 말을 들어볼 필요가 없다. 그 사람의 삶이 그것을 증거하기 때문이다. 그 사람은 밤낮 신비롭고 거룩한 임재를 느끼며 조용히 확신 가운데 살아간다. 어떤 이들에게는 이런 임재가 세상에 떠도는 온갖 그럴 듯한 말보다 더 큰 의미로 다가온다.

사실 나는 세상에 떠도는 온갖 유창한 말들이 무섭다. 나는 성경의 온갖 질문들에 척척 대답하는 사람들이 가장 무섭다. 그런 사람들은 너무 많이 안다! 이미 모든 문제를 다 생각하고 그에 맞는 수십 개의 성경구절을 다 외워놓은 사람들, 영적인 것들에 대해 수년간 생각하고 이미 결론을 다 내린 사람들, 이런 사람들이 나는 무섭다.

때로는 침묵이 인간의 말보다 더 큰 소리로 말한다. 신비롭다는 표정을 지으며 침묵을 지키는 것이 달변의 설교보다 하나님의 진리를 더 효과적으로 전달하는 경우도 있다.

베드로의 메시지에서 다른 분이 아닌 바로 주님이 "내가 거룩하니 너희도 거룩할지어다"(벧전 1:16)라고 말씀하셨다는 것을 기억하라! 그러므로 우선 당신의 삶을 도덕적으로 바로잡으라. 그러면 하나님께서 당신을 거룩하게 사용하실 것이다. 그런 다음, 당신의 영적 삶을 바로잡으라. 그러면 하나님께서 성령으로 당신에게 임하실 것이고, 당신은 놀랍고 신비로운 임재를 체험할 것이다.

하나님의 임재 안에서 겸손하라

당신이 하나님의 임재를 경험하기 위해 여러 가지 방법들을 동원하지 않더라도(심지어 이 임재를 의식하지 못한다 할지라도) 이미 당신 안에 하나님의 임재가 일어났을 수도 있다. 하나님의 임재 안에서 겸손해지는 것! 이것이야말로 지극히 귀한 모습인데, 슬프게도 오늘날의 교회에서는 이런 모습이 거의 발견되지 않는다. 그러므로 당신은 순간순간마다 하나님의 지식과 임재를 갈망해야 한다. 그렇게 되면 당신이 인간적인 방법들을 동원하여 애쓰지 않더라도 당신 안에 성령님이 임하셔서 당신의 증거가 열매를 맺도록 도우실 것이다. 이것은 아름다운 향기를 내뿜는 것이다. 나는 이런 향기가 오늘날 교회들에 가득하여 우리가 그 냄새를 진하게 맡을 수 있기를 간절히 바란다.

내가 이렇게 말하니까 혹시 당신이 내게 "토저 목사님, 목사님은 설마 감정에 따라 살려는 것은 아니겠지요?"라고 물을지 모르겠다. 나는 감정을 결코 하찮은 것으로 여기지 않는다. 내가 이렇게 말했다고 당신이 세상 사람들에게 전한다 할지라도 나는 전혀 개의치 않는다. 감정은 인식 기관들 중 하나라고 나는 주저 없이 말할 수 있다. 다시 말하지만, 감정은 인식 기관들 중 하나이다.

이와 관련된 얘기를 하기 전에 당신에게 한 가지만 묻겠다. 당신은 '사랑'을 정의(定義)할 수 있는가? 나는 그럴 수 없다고 생각한다. 사랑을 묘사할 수는 있어도 사랑을 정의할 수는 없다. 사랑이라는 단어를 들어본 적이 없는 개인이나 그룹이나 종족이 있다고 가정해보자. 그들이 세상에 있는 사전들을 전부 모아다가 사랑의 정의를 다 암기한다 할지라도 사랑의 본질을 이해할 수는 없을 것이다. 하지만 귀가 크고 붉은 머리털에 주

근깨투성이인 한 소년이 사랑에 빠질 때, 그는 세상의 모든 사전을 뒤져볼 때보다 사랑에 대해 더 잘 알게 될 것이다.

내가 말하고 싶은 것은 이것이다. 즉, 사랑은 오직 그것을 느낌으로써 이해할 수 있다는 것이다. 이와 똑같은 것이 태양의 따스함이다. 만일 감정(느낌)이 없는 사람이 있다면, 그에게 "오늘은 따스한 날입니다"라고 말해봐야 그는 도무지 무슨 말인지 이해하지 못할 것이다. 그러나 따스한 날 정상적인 감각을 가진 사람을 밖으로 데리고 나가면, 그는 즉시 날이 따스하다는 것을 피부로 느낄 것이다. 태양에 대해 더 많이 알게 하는 것은 설명이 아니라 느낌이다.

우리의 지성(知性)으로는 아무리 이해하려고 노력해도 알 수 없는 하나님의 속성이 있다. 하나님의 속성은 오직 우리의 가장 깊은 곳, 즉 마음을 통해 알 수 있다. 따라서 나는 감정을 어느 정도 믿는다. 옛 저술가들이 '종교적 감정'에 대해 언급한 적이 있는데, 나는 그것을 믿는다. 지금 우리에게 이런 것이 거의 남아 있지 않은 것은 그것을 위한 기초를 쌓지 않았기 때문이다. 그것을 위한 기초는 회개, 순종, 세상과의 분리 그리고 거룩한 삶이다. 확신하건대, 이 기초가 쌓이면 우리는 세상이 알지 못하는 하나님의 임재를 깊이 느낄 수 있을 것이다.

때때로 나는 사람들이 "오, 주님! 우리의 감정을 하나님께로

가까이 인도하소서!"라고 기도하는 소리를 듣는다. 나는 하나님이 멀리 계시다고 믿지 않는다. 뒤로 물러나서 다른 사람을 판단하는 사람에게만 하나님은 멀리 계신다.

우리는 "오, 하나님! 우리의 감정에 가까이 다가오소서!"라고 기도해야 한다. 하나님께서는 떨기나무에서, 산에서 모세의 감정에 가까이 다가가셨다. 오순절 성령 강림 때 주님은 교회의 감정에 가까이 다가가셨다. 주님이 고린도 교인들의 감정에 가까이 다가가셨을 때, 불신자들은 두려움과 놀라움에 사로잡혀 밖으로 나가 "하나님이 참으로 너희 가운데 계시다!"(고전 14:25)라고 전파했다. 오늘날 우리에게도 이런 일이 일어나야 한다.

하나님은 은혜 받은 자를 상속자로 지명하신다

부요한 기업은 모든 것을 소유하신 하나님으로부터
하나님께서 은혜 베풀기를 기뻐하시는 자에게로 오는 복이다.
하나님께 이런 은혜를 얻은 자에게는 하나님의 기업을 얻을 수 있는 정당한 권리가 생긴다.

"썩지 않고 더럽지 않고 쇠하지 아니하는 기업을 잇게 하시나니 곧
너희를 위하여 하늘에 간직하신 것이라"(벧전 1:4).

나는 부자다. 하나님께서는 나를 하나님의 기업(基業)을 얻
을 자로 지명하셨기 때문이다. 나는 이미 오래 전에 이런 결론
을 내렸다. 영원한 세상의 부요함을 소중히 여기는 그리스도인
들은 가족이나 가까운 친척의 유산을 물려받으려고 애쓰며 안
달하는 일이 없다고 말이다!

베드로는 하나님께서 주시는 복에 대해 논하면서 우리가 장
차 "썩지 않고 더럽지 않고 쇠하지 아니하는 기업"(벧전 1:4)을

얻을 것이라고 증거한다.

베드로의 언급에 따르면, 이 세상의 나그네로서 박해받고 짓눌린 초대교회 신자들은 선택받고 거듭난 자들로서 예수 그리스도를 믿는 자들이었다. 하나님께서 그들을 택하고 거듭나게 하신 것은 그들을 소망으로 인도하고 유업을 주기 위한 수단이지 그것이 목적(끝)은 아니었다.

하나님께서 마침표를 찍으시는 일이 지극히 드물다는 사실을 깨닫는다면 우리는 더 훌륭한 그리스도인과 지혜로운 학생이 될 것이다. 다시 말하지만, 하나님께서는 우리를 대하실 때 마침표를 좀처럼 사용하지 않으신다. 하나님은 콜론(:)이나 세미콜론(;)을 더 즐겨 사용하신다. 대부분의 경우, 하나님께서 행하시는 것은 하나님이 계획하고 계신 다른 어떤 것을 위한 수단이다.

그러므로 하나님이 어떤 사람을 택하셨을 때 그 사람은 편히 앉아서 "하나님의 선택의 목적이 나를 거듭나게 하는 것이므로 이제 나는 더 이상 신경 쓸 것이 없다"라고 말할 수 없다. 성령으로 거듭나서 그리스도인이 된 사람은 "나는 최종 목적지에 도달했다. '끝'이라고 쓰고 마침표를 찍었으므로 더 이상 할 게 없다"라고 말할 수 없다. 절대 그럴 수 없다!

하나님께서 우리를 거듭나게 하신 것은 우리가 하나님이 준비하고 계신 풍성한 것들을 받아서 누리도록 하기 위함이다. 우리 앞에 놓인 것은 언제나 현재 우리에게 놓인 것보다 훨씬 더 크다. 이 진리는 하나님께서 우리를 위해 준비하신 기업의 경우에도 그대로 적용된다.

하나님의 상속자

이제 우리는 사실 관계를 명확히 정리할 필요가 있다. 거듭난 사람, 즉 참된 그리스도인이 하나님의 기업의 상속자라는 베드로의 말은 단지 비유적 표현이 아니다. 그의 말은 결코 비유나 시적(詩的) 표현이 아니다. 그의 말은 성경의 다른 부분들에서 지지를 받지 못하는 뜬딴지같은 소리가 아니다. 창세기부터 요한계시록까지 성경 전체가 참된 신자는 하나님의 기업을 상속받을 자라는 사실을 증거하기 때문이다. 하나님은 무한하신 분이기 때문에 하나님께서 베푸시는 기업 또한 한이 없고 끝이 없다.

하나님께서 행하시는 모든 일은 무한하다. 그래서 우리가 얻게 될 기업도 하나님처럼 무한하다. 하나님은 하나님이시기 때문에 유한한 일들을 행하지 않으신다. 그러므로 하나님의 자녀들이 얻는 기업도 무한하다.

하나님의 기업에 비해 이 땅에서 인간들이 맛보는 선물과 유산과 감동이 얼마나 작은가!

옛날에 내 아버지가 내게 말씀하신 것이 생각난다. 아버지는 종종 나를 차에 태워 한참을 달린 후에 어떤 큰 농장을 손가락으로 가리키며 "내가 죽기 전에 저기 있는 땅을 사서 네게 물려주고 싶다"라고 말씀하셨다. 그러나 실제로 아버지는 그리 많은 유산을 남기지 않으셨다. 나는 유산의 작은 몫에 대한 포기각서에 서명한 후 서둘러 그것을 특별 항공우편으로 부쳤다.

우리는 부모로부터 다양한 것들을 물려받는다. 육체적인 것도 물려받고 정신적인 것도 물려받는다. 그러나 우리가 그들에게 없는 것을 물려받을 수는 없다. 그러므로 인간에게서 물려받는 유산은 제한적일 수밖에 없다. 이 세상에서 제일 부자인 사람도 자녀에게 자기가 가진 것을 물려줄 뿐이다. 그 이상은 물려줄 수 없다. 지금 이 순간에도 이 세상 어디선가 많은 사람들이 자녀에게 토지를 물려주겠지만, 그들의 토지에는 모두 경계가 있다.

그러나 하나님은 무한하신 분이기 때문에 우리가 하나님께 받는 것도 무한하다. 우리는 우주의 모든 것을 하나님 아버지께 받는다! 따라서 이제까지 어떤 찬송가 작사자도 하나님께서 하나님의 자녀들을 위해 예비하신 영원한 것들을 전부 표현할 수는 없었다. 그들은 그것들의 윤곽만을 대략적으로 표현했을 뿐이다. 비유적으로 말하자면, 그들이 한 일은 바닷가에서 조개껍데기를 줍는 정도밖에 안 된다. 그들 옆에는 끝을 모를 정도로 넓은 대양(大洋)이 펼쳐져 있다. 그 대양에는 무수한 섬들이 떠 있으며, 대양은 여러 대륙들까지 감싸고 있다. 무수한 섬들과 대륙들은 본래 하나님의 것으로서 구속(救贖)을 통해 하나님의 자녀들에게 주어졌다. 그것들은 모두 하나님에게서 비롯됐다!

하나님의 무한한 기업

우리의 상상력이 날개를 달고 높이 날아오를수록 우리는 한 가지 사실을 확인할 수 있다. 우리의 상상력이 아무리 높이 날지라도 우리는 하나님께서 우리를 위해 예비하신 것을 전부 이해할 수 없다. 언제나 우리의 상상력은 동력(動力)의 한계로 인하여 비틀거리다가 힘없이 땅으로 떨어진다. 이와 달리 전능하신 하나님의 기업은 무한하다. 하나님께서 구속(救贖)받은 자들에게 베푸시는 복은 한이 없다.

사랑하는 자여! 당신은 하나님께서 예비하신 풍성한 복을 받는 사람이다.

우리는 육체적, 정신적, 도덕적 및 영적 존재이다. 뿐만 아니라 사회적 존재이기도 하다. 우리에게는 이런 모든 요소가 있다. 어떤 사람들은 인간이 사회적 존재라는 사실을 인정하지 않는다. 그것을 인정하면 교회에 가서 함께 도시락을 먹으며 교제하는 교회 공동체를 인정해야 하기 때문이다. 그러나 우리는 철저히 사회적인 존재이다. 우리는 다른 사람들과 많은 관계를 맺고 살아간다. 가까운 지역에 사는 이웃, 도시, 국가 그리고 더 크게 보면 온 세상과 관계를 맺고 살아간다.

클루니의 버나드(Bernard of Cluny, 12세기 클루니의 수사로서 긴 신앙의 시를 남겼다)는 깊은 깨달음을 얻어 1140년경에 다음과 같은 시를 썼다.

나는 모른다.

오, 나는 모른다.

거기에 어떤 사회적 즐거움이 있는지를

얼마나 찬란한 영광이 있는지를

얼마나 큰 기쁨이 있는지를

천국에도 사회적 기쁨이 있다는 버나드의 이 말에 나는 전적으로 동의한다.

그런데 인간에게는 또한 영적, 도덕적, 정신적 및 육체적 요소가 있다. 이런 요소들 외에 또 다른 요소가 있을지도 모른다.

우리가 단지 정신적 또는 육체적 존재에 불과한 것은 아니기 때문이다. 도덕성이 우리 존재의 나머지 모든 부분에 영향을 미쳐야 하는 것은 사실이지만, 우리가 단지 도덕적 존재에 불과한 것은 아니다. 인간은 영적 존재이기 때문에 짐승들과 완전히 구별되지만, 그렇다고 해서 우리가 단지 영적 존재에 불과한 것은 아니다.

내가 말하고 싶은 요지는 이것이다. 즉, 우리는 우리의 본성의 모든 부분에서 하나님께 무한한 기업을 얻을 수 있다. 그런데 여기서 내가 말하는 '우리'는 물론 그리스도인들을 가리킨다. 약속을 받은 '구속받은 자들'을 가리킨다. 죄인들은 여기에 포함되지 않는다. 하나님에게서 떠난 죄인들의 경우, 죽는 것은 물론이고 심지어 늙는 것도 저주이다. 왜냐하면 늙을수록 무덤과 심판과 지옥에 더 가까이 가기 때문이다.

반면 믿음의 사람들, 즉 구속받은 하나님의 자녀들의 경우에는 병이 들고 늙는 것도 복이다. 심지어 죽는 것도 복이다. 하나님께서는 그들의 육체적, 정신적, 도덕적 및 영적 생명을 위해 이미 다 예비해놓으셨다. 하나님께서 우리를 위해 예비하신 것은 우리가 헤아릴 수 없을 정도로 무한한 것이다.

그리스도의 부요함

나는 '헤아릴 수 없다'라는 말을 좋아한다. 이것은 참으로 좋은 말이다. 이런 얘기를 하니까 생각나는 말이 있는데, 그것은 클래런스 대로우(Clarence Darrow, 1857~1938. 미국의 변호사)의 말이다. 그는 "그리스도인들은 설명할 수 없는 기독교의 교리와 교훈에 대해 이야기할 때는 언제나 '신비'라는 역겨운 단어를 사용한다"라고 비난했다.

그러나 나는 '신비'라는 단어를 역겹다고 느낀 적이 한 번도 없다. 나는 이 단어를 매우 좋아한다. 그리스도인은 삶의 모든 영역에서 신비를 경험한다. 하나님께 속한 사람과 세상에 속한 사람의 차이가 무엇인가? 하나님께 속한 사람은 신비를 경험하면 그것을 알 수 없다고 솔직히 인정하지만, 세상에 속한 사람은 신비를 접하고도 그것을 과학 등으로 어설프게 설명하려고 애쓴다. 나 또한 '헤아릴 수 없다'라는 말에 담긴 의미를 다 알지 못한다고 인정하는 바이다.

우리는 그리스도의 '헤아릴 수 없는' 부요함에 대해 이야기할 때 이것에 대한 힌트를 얻을 수 있다. 우리는 그리스도의 부요함을 측량하거나 증명할 수 없다. 그리스도의 부요함에는 많은 영광스러운 모양들과 무수한 특징들이 있기 때문에 우리는 그것의 가치를 깨달을 수 없다.

그것은 그리스도의 헤아릴 수 없는 부요함이다. 하나님은 살아 계신 하나님 아버지이시고 그리스도인은 하나님의 자녀이기 때문에 그리스도인은 하나님의 기업을 얻을 것이라는 약속을 받는다. 이 기업은 우리가 다 헤아릴 수 없는 무한히 부요한 것이다.

하나님께서 기업을 주시는 방법

하나님의 기업은 세 가지 방법으로 주어진다. 당신이 이것을 깊이 생각한다면 묵상하거나 기도하거나 성경을 읽을 때 큰 유익을 얻을 것이다.

첫째, 하나님께서는 우리에게 직접적이고 현재적인 선물을 주기를 기뻐하신다. 이것들은 하나님이 이 세상에서 우리에게 직접적으로 주시는 것이다. 다시 말해서, 우리가 숨 쉬면서 의식을 갖고 희로애락으로 가득한 이 땅에 발을 딛고 살아갈 때 하나님이 주시는 것들이다.

예를 들면, 하나님께서 베푸시는 죄 사함의 은총이 있다. 하나님은 믿음의 자녀들이 회개할 때 그들의 죄를 흔쾌히 용서하신다. 또한 하나님은 영생(永生)을 주신다. 영생은 미래의 어느 때에 받게 될 기업이 아니다. 우리가 하나님 안에서 누리는 생명은 현재 우리에게 주어진다. 다시 말해서, 이것은 현재 우리가 소유한 선물이다. 우리는 믿기 시작한 순간 이 생명을 소유한다.

"사랑하는 자들아 우리가 지금은 하나님의 자녀라"(요일 3:2)라는 말씀에서도 알 수 있듯이, 하나님은 또한 우리를 하나님의 자녀로 삼으신다. 이런 관계에서 생기는 다른 많은 선물들이 있는데, 만일 그것들이 당신에게 없다면 당신이 믿음으로 하나님의 자녀가 되지 않았기 때문이다.

이 밖에도 우리는 하나님께 다른 무수한 기업들을 받는다. 우리가 하나님께 여러 가지 도움을 구하면 하나님은 긍휼을 베풀어 우리를 도우신다. 내가 볼 때, 우리가 구하는 이런 여러 가지 도움들은 비교적 사소한 것들이지만 그래도 우리는 이런 것들에서 큰 유익을 얻는다. 물론 이런 것들은 죄 사함, 하나님의 은혜의 회복, 양자(養子) 됨 그리고 영생을 얻는 것에 비하면 일시적이고 사소한 것들이다.

둘째, 하나님께서는 우리가 예수님의 이름으로 사랑과 충성심을 발휘하여 봉사하고 섬긴 것에 대한 상급을 주신다. 성경은 하나님의 자녀들이 받을 상급에 대해 분명히 언급한다. 하나님의 부요함이 상급이라는 형태로 우리에게 주어진다는 것이 성경의 교훈이다.

모든 것, 즉 모든 부(富)와 복이 하나님께 속해 있다는 것을 우리는 잘 안다. 우리는 '상급을 획득한다'라는 말을 종종 사용하는데, 엄밀히 말해서 이것은 적절한 표현이 아니다. 우리 인간이 하나님의 기업을 획득한다는 것은 말이 안 된다. 우리는 하나님의 자녀로서 사랑과 충성심을 발휘하여 하나님이 정하신 상급의 조건을 충족해야 하는데, 하나님은 그것을 보시고 우리에게 상급을 허락하신다. 이렇게 말하는 것이 정확한 말이다.

예수님은 충성스러운 자들에게 "잘하였도다 착하고 충성된 종아 네가 작은 일에 충성하였으매 내가 많은 것으로 네게 맡기리니 네 주인의 즐거움에 참예할지어다"(마 25:21)라고 말씀하실 것이다. 주님은 상급에 대해 말씀하시면서 "네가 죽도록 충성하라 그리하면 내가 생명의 면류관을 네게 주리라"(계 2:10)라고 약속하셨다. 하나님은 성실하고 충성스럽게 일하는 일꾼들에게 상급을 주실 것이다. 상급은 아직은 허락되지 않은 미래의 선물이다.

셋째, 하나님께서는 우리에게 상속권을 주신다. 복되고 부요한 이 기업도 미래에 현실화될 선물이다. 하나님께서 우리에게 부요함을 부어주시는 것은 우리가 남보다 우월하거나 우리에게 자격이 있기 때문이 아니라 만복의 근원이신 하나님을 믿는 믿음을 통해 하나님과 우리 사이에 관계가 형성되었기 때문이다.

영적 기업의 효력은 언제 발생하는가?

부요한 기업은 모든 것을 소유하신 하나님으로부터 하나님께서 은혜 베풀기를 기뻐하시는 자에게로 오는 복이다. 하나님께 이런 은혜를 얻은 자에게는 하나님의 기업을 얻을 수 있는 정당한 권리가 생긴다. 은혜를 얻은 자에게 권리가 생긴다는 이 원리는 세상의 '유언 검인(檢認) 재판소'에서도 작용한다. 그래서 사람들은 생전에 유언장을 작성한다. 유언장은 유언 검인 재판소의 절차에 따라 검증되어야 하고, 유언장에 재산 상속자로 지명된 사람은 죽은 사람과의 관계 그리고 자신의 신분을 증명해야 한다.

앞에서도 말했듯이, 기업의 상속자는 스스로 노력해서 그것을 얻는 것이 아니다. 부모에게서 막대한 유산을 물려받은 자녀는 부모의 은혜에 감사하지 않는다 할지라도 유산에 대한 권리를 가진다. 부모가 자녀에게 은혜 베풀기를 기뻐하기 때문이며, 또 자신의 자녀를 유일한 상속자로 삼았기 때문이다.

부모는 증인들 앞에서 유서를 쓰고 공표한다. 부모가 죽은 뒤에 자녀는 적당한 국가기관에 가서 자신의 신분을 밝히고 자신이 정당한 상속자인 것을 증명한다. 그런 다음 그 자녀는 부모의 유산을 차지할 수 있다. 자녀가 이런 권리를 갖는 것은 자신의 선함이나 자격 때문이 아니라 부모와의 관계 때문이다.

이와 마찬가지로 하나님의 자녀들은 하나님 아버지께 기업을 얻는다.

그런데 여기서 내가 말하고 싶은 것이 있다. 이 땅의 많은 것들은 하늘의 것들과 정반대로 되어 있다. 이 땅에서는 유언자가 죽은 다음에야 상속자가 유산을 받을 수 있다. 그런데 영적 기업의 경우에는 하나님의 상속자가 죽은 다음에야 그것을 얻을 수 있다. 이런 차이점은 우리를 어리둥절하게 만든다.

예를 들어보자. 어떤 사람에게 외아들이 있다. 이 사람은 아들을 유일한 상속자로 지목하고 그에게 전 재산을 물려준다는 내용의 유서를 작성한다. 그러나 그가 살아 있는 동안에는 아들이 상속자로서의 권리를 누릴 수 없다. 그러던 중 어느 날 그가 병에 걸려 죽는다. 그의 아들은 애도 기간이 끝난 후 유언 검인 재판소에 가서 자기가 적법한 상속자인 것을 증명한다. 이때 유언의 효력이 발생하는 것은 그의 아버지가 죽었기 때문이다.

그러나 하나님나라에서는 이와 정반대의 일이 일어난다. 하나님 아버지께서 하나님의 자녀들에게 기업을 약속하셨지만, 이 약속의 효력은 예수 그리스도의 죽음을 통해 발생하지 않는다. 이 약속의 효력은 하나님 자녀들의 죽음을 통해 발생한다. 아니면 그리스도께서 재림하심으로써 효력이 발생된다(이 약속의 현실화라는 차원에서 보면, 그리스도의 재림은 신자들의 죽음과 동일한 의미를 갖는다).

사도 바울은 하나님께서 주실 기업을 알았고 또한 그것을 기대했다. 그는 신자들이 그리스도와 함께 기업을 상속받을 것이라고 말한다. 우리가 장차 그리스도를 직접 대면할 때 이 기업이 어떤 것인지 온전히 알게 될 것이라고 그는 말한다. 앞에서 언급했듯이, 오직 그리스도인들의 죽음만이 복된 죽음이다. 우리는 하나님의 상속자로서 마땅히 신령해져야 한다. 그렇게 되면 우리는 지금보다 훨씬 더 기쁜 마음으로 죽음을 사모할 것이다.

주님의 재림을 고대하라

당신은 예수 그리스도의 재림을 믿는가? 그렇다면 당신은 그것을 고대할 것이다. 상식, 역사적 관점, 성도들의 증거, 이성(理性) 및 성경의 교훈을 종합해볼 때, 우리는 그리스도께서 우리가 죽기 전에 오실 수 있다는 것을 부정할 수 없다. 그러나 "한 번 죽는 것은 사람에게 정하신 것이요"(히 9:27)라는 말씀처럼 우리는 반드시 죽는다. 그러므로 우리는 주님이 다시 오시기 전에 우리가 죽을 수도 있다는 것을 잘 안다. "떠나서 그리스도와 함께 있을 욕망을 가진 이것이 더욱 좋으나"(빌 1:23)라는 말씀에서도 알 수 있듯이, 죽음이 우리에게는 더 좋은 것이다.

신자가 이 땅에 사는 것과 이 땅을 떠나서 그리스도께 가는 것에는 어떤 차이가 있는가? 전자는 '좋은 것'이고, 후자는 '더 좋은 것'이라고 바울은 말한다.

이제 나는 "그리스도인의 미래가 아직 그리스도인 앞에 놓여 있다"라고 말하고 싶다. 이 말에 당신이 실소(失笑)를 터뜨릴지도 모르겠다. 당신은 내가 너무나 당연한 말을 한다고 생각할 것이다. 누군가 나와 똑같이 말한다면 내 말은 진부한 말로 들릴 것이다. 하지만 나는 진부한 표현을 반복하기 위해 이 말을 하는 것이 아니다. 내가 이 말을 하는 것은 그리스도인들이 정신을 바짝 차리고 생각해야 할 현실이 엄연히 존재하기 때문이다.

많은 그리스도인들의 미래가 그들의 뒤에 있다! 이것이 그들의 현실이다! 정말이다! 그들의 영광은 그들 뒤에 있는 것 같다. 그들이 가진 유일한 미래는 그들의 과거이다. 언제나 그들은 다 타버린 모닥불의 잿더미 주변을 맴돈다. 그들의 간증이 그것을 말해준다. 위나 아래나 옆을 보아도 그들에게는 그것밖에 보이지 않는다. 특히 그들이 뒤를 돌아볼 때 더욱 그러하다. 오직 어제의 영광만을 이야기하는 사람들과 자리를 함께할 때마다 나는 마음이 편치 않다.

그리스도인의 미래는 그리스도인의 앞에 있다. 그리스도인의 시선은 항상 앞을 향해야 한다.

앞을 바라보라

이런 면에서 우리에게 모범을 보인 사람은 사도 바울이다. 그의 마음과 생각은 온통 미래를 향해 있었다. 그의 서신들을 볼 때, 우리는 그가 때때로 과거를 돌아보았다는 것을 알 수 있다.

나는 그리스도인들이 가끔 과거를 돌아보는 것도 좋다고 생각한다. 예를 들면, 우리가 어떤 길을 걸어왔는지 확인하거나 우리에게 베푸신 하나님의 은혜와 선하심을 상기하기 위해서 말이다.

‘스펙트’(spect)라는 라틴어가 있다. 이것은 여러 형태를 갖고 있는데, 그 기본적인 뜻은 “보다” 또는 “바라보다”이다. 영어는 이것에 두 개의 접두사를 붙이는데 하나는 ‘프리’(pre)이고, 다른 하나는 ‘레트로’(retro)이다. ‘프리’는 “앞으로”라는 뜻이고, ‘레트로’는 “뒤로”라는 뜻이다.

이것을 알라. 당신의 삶에 어떤 접두사를 붙이느냐에 따라 그리스도인으로서 당신 삶의 부요함, 유용성 그리고 열매가 달라진다. 당신의 시선은 어느 곳이든 향할 것이다. 만일 당신이 시각장애인이라 할지라도 당신 영혼은 어느 곳이든 바라볼 것이다. 당신 영혼의 시선은 과거에 머물든지 미래에 머물든지 할 것이다. 그리스도인으로서 우리 영혼의 시선은 어느 곳이든 향해야 하는데, 성경은 "믿음의 주(主)요 또 온전케 하시는 이인 예수를 바라보자"(히 12:2)라고 가르친다.

우리는 앞을 보거나 뒤를 본다. 우리가 어느 방향을 보는가 하는 것이 우리의 미래에 큰 영향을 끼친다. 내가 말하는 미래는 이 땅에서 우리가 살아갈 미래이고, 또 내세에서 우리에게 주어질 미래이다.

우리는 과거를 강조해서는 안 된다. 과거는 정말 필요한 때에만 이야기해야 한다. 바울은 "한 일 즉 뒤에 있는 것은 잊어버리고 앞에 있는 것을 잡으려고 … 좇아가노라"(빌 3:13,14)라고 말했다.

바울이 부득이 과거를 돌아보지 않으면 안 되었던 때가 한두 번 있었다. 예를 들면, 그가 자신의 회심(回心) 사건을 언급할 때였는데, 이런 식으로 과거를 돌아보는 것은 지극히 정당한 일이다.

우리는 과거에 집착해서는 안 된다. 고개를 돌려 힘들게 과거를 돌아보다가 목이라도 삐면 어떻게 하려는가? 내가 개인적으로 깨달은 것이 있다. '저 과거의 존재'가 내 발목을 자꾸 잡을지라도 하나님께서 그것을 처리하시도록 맡겨야 한다는 것이다.

'앞을 보는 것'이 우리가 할 일이다. 앞을 보라! 믿음과 소망을 가지고 살라! 그리스도인의 미래는 과거보다 더 영광스러울 것이다. 그리스도인의 내일의 한순간이 과거의 모든 날보다 더욱 영광스러울 것이다. 므두셀라는 이 땅에서 969세를 살았다. 만일 그가 죽어서 하나님께 갔다면(나는 그랬을 것이라고 믿는다), 하나님 앞에서의 한 시간이 이 땅에서의 969년보다 더 영광스러웠을 것이다.

그러므로 사랑하는 자여! 앞을 보자! 기대감과 소망을 가지고 앞을 보자. 우리는 거듭나서 하나님의 기업을 얻을 자들이기 때문이요, 그 기업이 우리의 하나님 아버지에게서 오기 때문이요, 그 기업이 믿음을 통해 맺어진 하나님과의 관계로 인하여 우리의 것이기 때문이다.

현재적 선물의 형태로 우리에게 주어지는 기업이 있는 것이 사실이고, 상급이라고 불리는 것들이 있는 것도 사실이다. 아무튼 하나님의 기업이 우리에게 주어지는 것은 우리가 하나님의 자녀이기 때문이다.

우리는 하나님의 때를 믿고 고대하며 소망 중에 기뻐해야 한다. 우리가 하나님의 자녀가 되고 우리 구주 예수님과 복된 관계를 맺었기 때문에 우리는 영원한 기업을 누릴 것이다. 이 세상에서 가장 정교한 시(詩)도, 이 세상에서 가장 유창한 혀도 이 기업의 영광을 다 표현하지는 못할 것이다.

보혈의 능력을 의지하는 자가 왕의 유산을 물려받는다

당신은 인간의 더러움이 넘치는 이 세상에서 당신 자신을 깨끗이 지켜야 한다.
우리는 그리스도의 보혈에 정결케 하는 능력이 있다는 사실을 안다.
당신은 그리스도의 보혈의 씻김을 통해 당신의 영을 지켜야 한다.

"썩지 않고 더럽지 않고 쇠하지 아니하는 기업을 잇게 하시나니 곧 너희를 위하여 하늘에 간직하신 것이라"(벧전 1:4).

우리 시대에 만연한 불신앙의 행동들이 천국에 대한 소망을 계속 좀먹고 있기 때문에 이제 우리는 하나님께서 약속하신 영원한 기업에 대한 기대와 기쁨을 거의 찾아볼 수 없는 지경에 이르렀다. 우리는 천국을 기다리는 사람들이 거의 없다는 것에 마땅히 놀라야 한다.

아! 나는 산골 소년이 기타를 메고 천국에 대해 부르는 노랫소리를 듣고 싶다! 많이 배웠다는 유식한 사람이 그의 노랫소리를 듣고 "저 무식한 것이 또 천국 타령이구나!"라고 손가락질을 할지라도 말이다. 오늘날 신자들은 천국에 대해 거의 생각하지 않는다. 천국에 대한 메시지는 훨씬 더 듣기 힘들다.

천국과 우주에 대한 사람들의 일반적 사고에 큰 영향을 끼친 인물이 두 명 있다. 한 명은 코페르니쿠스(Copernicus, 1473~1543. 폴란드의 천문학자로서 육안으로 천체를 관측하여 지동설을 제창했다)이고, 다른 한 명은 아인슈타인이다.

감히 건드리지 못하는 영역

코페르니쿠스 이전에 살던 사람들은 천동설(天動說)을 믿었다. 그들은 지구가 전부라고, 지구가 모든 것의 중심이라고 믿었다. 그들의 생각을 간략하게 정리하면 이렇다.

"하나님께서 지구를 만드시고 여기에 놓으셨으며, 모든 것은 지구 둘레를 돈다. 하나님은 지구가 움직이지 않도록 단단히 고정하고 그 위에 만물의 기초를 세우셨다. 이것은 결코 변할 수 없다."

이때 코페르니쿠스가 나타나 이단으로 몰려 목숨을 잃을 각오까지 하고서 반론을 제기했다. 그는 지구가 정지되어 있는 것도 고정되어 있는 것도 아니라고 주장했다. 천문학자였던 그는 지구가 아니라 태양이 우주의 중심이며, 태양은 지구의 자전 때문에 움직이는 것처럼 보일 뿐이라고 주장했다. 그러나 사실 태양도 더 큰 궤도를 따라 움직인다. 즉, 지극히 광대한 우주의 저쪽에 있는 더 빠르고 무한한 궤도에 따라 움직인다.

코페르니쿠스가 펼친 지동설(地動說)은 과학자들에게서 대학으로, 대학에서 각 학교로, 각 학교에서 길거리로 퍼져나갔다. 이제는 모든 사람이 지동설을 믿는다. 그러다 보니 "그러면 천국은 어디에 있는 것인가?"라는 의문이 생겼다.

한때 사람들은 "천국이 바로 저 위에 있고 별들은 천국을 들여다보는 구멍이다"라는 말을 믿었다. 그때 사람들은 밤하늘을 보면서 이 땅이나 바다에서 볼 수 없는 천국의 빛이 별들을 통해 조금씩 새어 나온다고 생각했다. 그러나 현대인들은 천국이 어떤 장소라는 주장을 비웃는다. 우주에 대한 새로운 이론과 정보가 천국에 대한 그들의 믿음을 좀먹는 일종의 부식제처럼 작용했기 때문이다.

천국과 우주에 대한 사람들의 일반적 사고에 큰 영향을 끼친 다른 한 사람은 아인슈타인이다. 그는 상대성이론을 주장했다. 그는 지구의 뿌리를 뽑아낸 정도가 아니었다. 그는 태양과 별들과 다른 모든 것의 뿌리를 뽑아냈다. 그의 이론에 따르면, 어딘가에 고정되어 있는 것은 아무것도 없다. 정지되어 있는 것은 아무것도 없고, 모든 것이 움직인다는 것이 그의 이론이다.

모든 것은 다른 어떤 것과의 관계 속에서만 존재한다는 것이다. 어떤 것을 측정하기 위한 기준이 존재하지 않기 때문에 어떤 것에 대해 "그것은 이러이러한 것이다"라고 말할 수 없다는 것이다. 그는 이런 논리가 모든 것에 무한히 적용되기 때문에 절대적으로 고정된 것은 아무것도 없다고 주장했다.

이에 대해 당신이 어떤 견해를 가지고 있는지 나는 잘 모르겠다. 하지만 나는 두 학자의 이론을 살펴보면서 결국 내 자신에게 이렇게 말하게 되었다.

"오, 오랜 세월 분열 상태에 있던 내 마음이여! 이제 안식하라! 이토록 복된 뿌리에 고정되어 있으니 이제 안식하라!"

그렇다! 코페르니쿠스와 아인슈타인이 감히 건드리지 못하는 영역이 있다. 나는 하나님의 지혜와 사랑 안에서 안식할 수 있다. 하나님이 빙빙 도는 행성들을 만드시고, 또 세계 안에 존재하는 세계를 만드셨기 때문이다.

과학이 천국에 대한 믿음을 부식시킬 수 없다

천체의 운동에 관한 이론이나 상대성이론이 천국을 하나의 장소로 보는 기독교 신앙을 파괴하거나 부식시킬 수 없다. 하나님은 지구를 만들고 거기서 인류가 살도록 하신 분이다. 그런 분이 새로운 세계를 만들어 '구속(救贖)받은 자들'을 거기서 살게 하시는 일은 전혀 어려운 일이 아니다.

하나님께 그런 능력이 있다는 것을 믿기 힘들어하는 사람들이 있지만, 나는 전혀 그렇지 않다. 내 지적(知的) 용량이 작거나 문제의식이 부족해서 못해서 그런지는 몰라도 아무튼 나는 이것이 쉽게 믿어진다. 지구를 만들어 거기에 인류가 거하도록 하는 능력이 하나님께 있었다면, 천국이라고 불리는 또 다른 곳을 만들어 '구속받은 자들'을 거하게 하는 능력도 하나님께 있는 것이 당연하다. 이렇게 간단한 것을 내가 믿지 않을 이유가 없다.

코페르니쿠스와 아인슈타인은 자신들의 제한된 이론에 만족하며 세상을 떠났으므로 나를 더 이상 귀찮게 하지 않는다. 그러나 그들의 이론 때문에 많은 사람들이 천국에 대한 개념과 인식을 잃어버린 것은 사실이다.

어떤 이들은 "천국은 또 하나의 다른 차원이다. 천국이 어떤 것인지 더 이상 알려고 애쓰지 말자"라고 말한다. 또 어떤 이들은 "천국은 오직 여기 이 땅에서의 삶과 관련된 마음의 상태이다"라고 말한다.

하나님말씀을 따르지 않는 인간의 논리는 불신앙을 감추기 위해 교묘하게 둘러대는 것에 불과하다. 지구를 만들고 사람들을 거기 거하게 하신 하나님께서는 천국을 '구속받은 자들'의

거처로 만드실 수 있다. 나는 이것을 확신한다. 당신의 생각은
어떤가?

썩지 않고 더럽지 않고 쇠하지 않는 기업

내가 볼 때, 오늘날 교회들은 성도들에게 하나님의 자녀를 위
한 거룩한 기업에 대해 충분히 가르치지 않는 것 같다. 그러므
로 이제 우리는 천상(天上)의 기업을 묘사하기 위해 베드로가
사용한 표현에 주목할 필요가 있다. 또한 우리는 그의 표현에
서 우리 주 예수 그리스도를 통해 주어지는 천상의 기업에 속
하는 특성을 살펴볼 것이다.

베드로는 천상의 기업에 대해 "썩지 않고 더럽지 않고 쇠하
지 아니하는"(벧전 1:4)이라는 표현을 사용했다. 여기서 우리는
우리를 위한 기업의 특성을 알 수 있다. 베드로의 이 표현은 우
리의 기업을 이루는 부분들로서 우리의 기업이 어떤 것인지를
묘사한다. 이것으로 우리가 천상의 기업을 정의(定義)할 수 있
는 것은 아니지만, 우리 주 예수 그리스도를 통해 주어지는 천
상의 기업에 속하는 특성을 알 수 있다.

하나님께서 하나님의 자녀들을 위해 예비하신 장래의 기업
에 대한 우리의 믿음은 어디까지 자라야 하는가? 하나님의 일
이나 천국은 우리가 이 세상에서 소유하거나 알거나 생각할 수

있는 최고의 것들을 통해 우리의 상상으로 만들어낸 것이 결코 아닌데, 우리의 믿음은 이것을 믿는 정도까지 자라야 한다. 따라서 천상의 기업은 "썩지 않고 더럽지 않고 쇠하지 아니하는" 특성 때문에 이 세상의 것들과 정반대되는 성격을 갖는다.

먼저, "썩지 않는"으로 번역된 헬라어에는 '본질이 부패하지 않고 기한이 끝이 없는'이라는 의미가 담겨 있다. "썩지 않는" 것은 본질적으로 '부패하지 않는' 것을 뜻하므로 '기한이 끝이 없는'이라는 의미는 2차적 의미인 것 같다.

나는 당신에게 이렇게 묻고 싶다. 엄밀한 의미에서 썩지 않는 것이 이 땅에 존재하는가? 본질이 부패하지 않고 그 영역이 무한한 것이 이 땅에 존재하는가?

우리 주님은 "너희를 위하여 보물을 땅에 쌓아두지 말라 거기는 좀과 동록이 해하며 도적이 구멍을 뚫고 도적질하느니라"(마 6:19)라고 말씀하신다. 이것은 패배주의자의 말이 아니다. 나는 우리 그리스도인들이 패배주의자라는 비난을 종종 듣는다는 사실을 잘 알고 있다. 예전에 어떤 심리학자들은 이렇게 말했다.

"미국 남부의 흑인들이 천국과 금(金)으로 된 천국의 길에 대해 그토록 열정적으로 노래를 부르는 것은 현재 그들이 초라한 오두막에서 살고 있기 때문이다. 그들이 주인의 소유를 마음속으로나마 갖기 위해 상상으로 만들어낸 것이 천국이다."

그들은 또 "천국은 행복하지 못한 패배주의자들의 꿈이다. 그들은 눈물을 흘리지 않아도 되는 행복한 나라를 꿈꾼다"라고 말한다.

이런 얘기는 아주 그럴듯하게 들리지만 진실과는 거리가 멀다. 우리 주 예수 그리스도는 패배주의자가 아니시다. 어떤 이들은 링컨에 대해 의혹을 제기하는데, 주님은 그런 문제로 고생하지 않으셨다. 그들은 링컨이 사람들을 동정한 것은 그의 분비샘에 어떤 결함이 있었기 때문이라고 얘기한다.

진정한 사실주의자

우리 주 예수 그리스도의 분비샘에는 어떤 결함도 없으며, 주님은 패배주의자가 아니시다. 물론 주님은 황당한 낙천주의자도 아니시다. 이 세상의 많은 사상가들에게서는 마음을 짓누르는 우울한 염세주의가 발견되지만, 우리 주님에게는 그런 것이 없었다.

예수님은 모든 것을 사실 그대로 명확히 보셨다. 이 넓은 세상에서 사실주의자라고 불릴 권리가 있는 사람을 찾아보라면 주님이 바로 그런 분이시다! 주님은 모든 것을 사실 그대로 보셨다. 주님은 A를 눈에 띄게 하려고 B를 슬쩍 가리는 분이 아니시다. 주님은 모든 것을 있는 그대로 보시고, 있는 그대로 묘사하시고, 있는 그대로 말씀하신다.

예수님 자신이 진리이시기 때문에 주님은 이 세상에서 가장 완벽한 사실주의자이시다. 그러므로 예수님은 자신이 보지 못한 천국을 꿈꾸는 분이 아니셨다. 예수님은 이 땅의 슬픔과 고통에서 벗어나기 위해 상상력을 동원하여 아름다운 나라를 그린 분이 아니셨다. 제자들을 위해 멋진 거처를 준비하겠다는 주님의 말씀은 상상력의 산물이 아니었다.

주님은 사실을 사실대로 말씀하신다. 모든 것은 주님이 말씀하신 대로 이루어질 것이다. 사람들이 애지중지하는 보화에 대해 언급하시면서 주님은 "너희를 위하여 보물을 땅에 쌓아두지 말라 거기는 좀과 동록이 해하며"(마 6:19)라고 경고하셨다. 이 땅의 것들은 반드시 썩는다고 주님은 말씀하셨다. 그리고 썩어 없어질 이 땅의 것들을 의지하는 것은 부질없는 짓이라고 경고하셨다.

사탄은 정말 대단한 사기꾼이다! 사탄은 속이는 데 천재이다! 나는 사탄의 속임수에 대해 생각할 때마다 브루클린 다리(미국에서 오래 된 현수교들 중 하나)를 가난한 사람들에게 팔아먹은 교활한 사기꾼들이 떠오른다. 이 사기꾼들은 가난한 사람들의 마지막 한 푼까지 속여서 빼앗을 때 회심의 미소를 지었다.

그들에게 속은 사람들이 브루클린 다리가 매물로 나온 적도 없
다는 사실을 알았을 때는 이미 늦은 것이었다.

사탄은 거짓말쟁이일 뿐만 아니라 속이는 자이다. 사탄은 사
람들이 인생의 황금기를 재물을 쌓는 데 허비하도록 부추긴다.
그러나 그들의 재물은 그들이 죽기 전부터 녹슬고 썩기 시작할
것이다.

"썩지 않는"이라는 말은 이 땅의 것들에 대해서는 사용할 수
없는 말이다. 우리가 아는 한 본질이 부패하지 않고 기한이 끝
이 없는 것은 이 땅에 없다. 그러나 진정한 사실주의자 예수 그
리스도, 하늘에서 오신 예수 그리스도께서 이 땅에 오서서 믿
는 자들에게 주신 기업은 결코 썩지 않는다.

천상의 기업과 부활의 몸의 공통점

이런 모든 것을 생각할 때 이제 우리는 부활에 대해 살펴봐야
한다. 영적 기업의 특성을 묘사하기 위해 사용된 이 "썩지 않
는"이라는 표현은 그리스도의 재림 때 부활하게 될 성도들의
상태를 나타낸다.

우리의 아름다운 찬송가는 "죽은 자들이 썩지 아니할 것으로
다시 살 것이다!"라고 노래한다. 영광스러운 부활의 몸을 표현
하기 위해 사용된 단어는 하늘로부터 주어지는 성도의 기업을

묘사하기 위해 베드로가 사용한 단어와 동일하다. 부활의 몸과 천상의 기업은 썩지 않고 부패하지 않는다.

욥은 인간의 몸에 장차 어떤 일이 일어날 것인지에 대해 말했다. 병마(病魔)와 싸우며 극도로 쇠약해진 욥은 구더기가 자신의 몸을 먹어치울 것이라고 말했다.

사실 나는 즐거운 일을 생각하며 시간 보내기를 좋아하는 사람이다. 그렇지만 나는 장차 무덤에서 우리의 몸을 먹어치울 자연의 세력이 이미 우리 몸에서 활동하고 있다는 사실을 부인할 수 없다. 그러나 하나님께서는 그런 벌레들이 더 이상 존재하지 않을 날이 올 것이라고 약속하셨다. 하나님은 그 벌레들을 털며 "너희는 이 사람에게서 떨어져라! 영원히 떠나거라!"라고 말씀하실 것이다. 성경은 하나님의 자녀들이 썩지 않을 몸으로 부활할 것이라고 증거한다.

썩지 않는다는 것! 부패하지 않고 그 기한이 끝이 없다는 것! 장차 우리가 얻을 천상의 기업이 바로 이런 것이기 때문에 이것은 이 세상의 것들과 구별된다.

일만 악의 뿌리

성도들이 장차 얻을 기업의 두 번째 특성을 나타내기 위해 베드로는 "더럽지 않고"(벧전 1:4)라는 표현을 사용한다. 여기서 우리는 "더럽지 않은 세상의 보화를 가진 사람이 우리 중에 있는가?"라는 질문을 던질 수 있다.

성경이 돈과 이 땅의 재물에 대해 긍정적으로 말하는 경우는 극히 드물다. 성경은 사람들이 자기 자신을 위해 재물을 쌓아두는 것에 대해 노골적으로 비난한다. 성경은 세상의 돈과 이익과 소득에 대해 언급한 다음 "부정한 이득"이라는 충격적인 표현을 사용함으로써 이득의 성격을 어느 정도 암시한다.

자신의 가난을 합리화할 필요가 없었던 바울, 결코 패배주의자가 아니었던 바울은 예수 그리스도를 따르기 위해 자신의 기득권을 포기했다. 그는 "돈을 사랑함이 일만 악(惡)의 뿌리"(딤전 6:10)라고 말한다. 그가 돈 자체를 악하다고 말한 것은 물론 아니다. 다만 탐욕과 이기심과 돈에 대한 사랑을 다른 어떤 것보다 앞세우는 인간의 마음 상태를 악하다고 말한 것이다. 또한 그는 "일만 악"이 돈에 대한 사랑에서 비롯된다고 말한 것이 아니다. 다만 돈에 대한 사랑이 악의 뿌리라고 말한 것이다.

우리가 이 세상에서 소유하는 돈과 재물은 더럽고, 또 더러운 과정을 통과한다. 하나님의 성도가 소유한 것들은 거의 대부분 더러운 과정을 거쳐 성도에게 이른다.

예를 들어보자. 당신의 지갑 속에 만 원짜리 지폐가 있다. 당신은 그 돈을 선교헌금으로 내려고 한다. 그런데 그 지폐가 과거 살인 청부업자의 손을 거친 돈일 가능성이 있다. 아니면 도박판이나 사창가에서 건네진 돈일 가능성이 있다.

우리가 유통수단으로 사용하는 통화(通貨)의 냄새를 맡으면 그것이 이제까지 어떤 곳들을 거쳐 왔는지 알 수 있다. 그것은 자신의 냄새를 감추지 못한다. 그것이 거쳐 온 범죄와 폭력과 음란의 역사를 말하듯이 말이다.

보혈의 능력을 의지하라

사랑하는 자여! 당신은 인간의 더러움이 넘치는 이 세상에서 당신 자신을 깨끗이 지켜야 한다. 우리는 구주 예수 그리스도의 보혈에 정결케 하는 능력이 있다는 사실을 안다. 당신에게 필요한 것들을 사기 위해 돈을 소유하는 것이 도덕적으로 잘못된 것은 아니다. 그러나 당신은 그리스도의 보혈의 씻김을 통해 더러움으로부터 당신의 영(靈)을 지켜야 한다.

이 타락한 세상의 모든 것에는 더러움의 요소가 있다. 내가 사는 집이 세워진 지금의 이 땅은 과거 언젠가 인디언 부족의 소유였는데, 이와 관련된 슬픈 역사가 역사책에 자세히 기록되어 있을 수 있다. 백인들이 미국으로 와서 응분의 대가를 치르지 않고 인디언들의 땅을 빼앗고 그들을 서부로 쫓아버렸다. 인디언들을 이가 들끓는 인디언보호구역에 몰아넣은 미국인들

은 자신들의 불편한 양심을 달래기 위해 매년 그들에게 기부금
을 던져준다.

그런데 사학자(史學者)들과 인류학자들의 연구에 따르면, 우
리가 학대하고 내쫓은 인디언들도 그들보다 먼저 살던 종족을
내쫓고 그들의 땅을 차지했다고 한다.

세계의 어느 곳을 가도 상황은 똑같다. 세계지도를 보라. 그
러면 당신은 때에 따라 변하는 국경을 놓고 나라들 간에 영토
분쟁이 끊이지 않는다는 사실을 알 수 있을 것이다. 오랜 전에
나는 두 손 두 발을 다 들고 "어떤 지역의 진짜 영토권이 어느
나라에 있는지 나로서는 도무지 알 수 없다!"라고 선언했다.

우리가 과거로 거슬러 올라가 역사를 충분히 연구해보면, 나
라들과 민족들이 침략과 학살과 살인을 통해 땅을 차지했다는
사실을 알 수 있다. 그들은 거주자의 권리를 갖게 되었지만, 사
실 그들이 지불한 삯은 이전에 살던 나라나 민족의 피뿐이다!

세상의 더러움

이렇게 볼 때, 우리와 관련된 이 세상의 것들은 거의 전부 더
러워져 있다. 불법과 불공정과 압제가 우리 삶의 거의 모든 영
역에 침투해 있다.

나는 공산주의가 사탄의 영향력 아래서 태어났다고 생각한

다. 또한 나는 불경건하고 열정적인 공산주의자들이 기독교 신앙과 이상(理想)과 삶의 방식을 비난한다는 것을 잘 알고 있다. 하지만 그들이 그렇게 하도록 빌미를 제공한 것은 곳곳에 만연한 세상의 더러움이다. 공산주의자들의 유일한 무기는 우리의 이런 더러움 속으로 파고드는 것이다. 사실 그들이 우리에 대해 하는 말이 전부 틀린 말은 아니다.

나는 우리 사회의 불공정한 것들을 볼 때 마음이 괴롭다. 종종 차를 몰고 가다보면 환한 불빛을 발하는 저택이나 호숫가의 고급 호텔이 눈에 띈다. 이럴 때 내가 무슨 생각을 하겠는가? 가난한 사람들이 머리에 떠오른다. 양동이와 걸레를 들고 청소하기 바쁜 노인들이 생각난다. 세상살이에 지치고 때로는 절망에 빠지고 세상에 환멸을 느끼지만, 하루 노동의 삯으로 받은 푼돈에도 감사하는 사람들이 생각난다.

플로리다 주(州)의 해변을 차로 달려보라. 그러면 닻에 묶인 채 물 위에서 넘실거리고 있는 멋진 요트들이 보일 것이다. 이럴 때 당신의 머릿속에는 '내게도 저런 요트가 있다면 얼마나 환상적일까!'라는 생각이 자연스럽게 떠오를 것이다. 그러나 그런 요트들이 만들어지는 데 얼마나 많은 악이 저질러졌는지 당신이 알게 된다면 요트를 갖고 싶다는 생각이 싹 달아날 것이다.

깨끗한 마음

언젠가 에머슨(R. W. Emerson, 1803~1882. 미국의 사상가이자 시인)은 정치적 야망을 가진 젊은이에게 이렇게 말했다.

"젊은이, 그대는 대통령이 되고 싶나? 백악관에 입성하고 싶나? 대통령이 되기 위해서 얼마나 인간성을 희생해야 하는지를 알기만 한다면 그대는 그렇게 되기를 원하지 않을 걸세. 최고의 권좌에 앉은 자가 사실은 그 뒤에 서서 고압적인 자세로 이래라저래라 하는 사람들의 말에 따라 행동한다는 것을 알기만 한다면 그대는 최고의 권좌를 원하지 않을 걸세."

지금 나는 정치적 입장에서 이런 얘기를 하는 것이 아니다. 지금 어느 당이 권력을 쥐고 있든, 어느 당파의 사람이 최고의 권좌에 있든 나는 상관하지 않는다. 내가 말하고 싶은 것은 세상의 모든 것이 깨끗하지 못하다는 것이다. 왜 그런가? 모든 것이 인간으로부터 비롯되는데 그 인간이 더럽기 때문이다. 샘이 더러우면 거기서 깨끗한 물을 얻을 수 없다. 가시나무에서 맛있는 무화과를 딸 수 없다. 최하품 포도나무에서 극상품 포도를 딸 수 없다. 말똥가리에서 식용 계란을 얻을 수 없다. 마찬가지로 우리는 깨끗하지 못한 마음에서 깨끗한 보화를 얻을 수 없다.

이 얘기를 끝내기 전에 나는 한 가지를 분명히 밝히고 싶다.

나는 사업가들이 사기꾼이라고 믿는 사람들의 견해에 동의하지 않는다. 정직하지 못하거나 공정하지 못한 것을 경계하며 그것들을 단호히 거부하는 사람들이 우리 사회에 있다는 것을 나는 부인하지 않는다. 그러나 나는 기독교 신앙으로만 깨끗하고 정직한 삶을 사는 것이 가능하다고 믿는다.

내 말의 요지는 이것이다. 인류가 타락하여 더러워졌기 때문에 일반적으로 돈과 권력과 사회적 영향력에는 더러운 때가 묻어 있다. 이런 현실은 하나님께서 신자에게 주실 기업이 깨끗하고 때 묻지 않은 것이라는 사실과 극명한 대조를 이룬다. 이런 맥락에서 우리는 기업의 근원이 어디에 있는지를 반드시 알아야 한다. 우리의 기업은 깨끗하고 때 묻지 않은 예수 그리스도의 마음에서 흘러나온다. 예수께서 깨끗하시기 때문에 우리의 기업이 깨끗하다! 주님은 거룩하고 해(害)가 없고 더럽지 않고 죄인들과 구별되는 분이시다.

이 땅의 모든 것은 쇠한다

우리의 영원한 기업의 세 번째 특성은 "쇠하지 아니하는"(벧전 1:4) 것이다. 우리의 기업은 쇠하지 않는다! 당신이 알고 있는 이 세상을 떠올려보라. 이 세상의 것들 중에서 질(質)이나 가치가 쇠하지 않는 것이 있는가?

대도시에 차를 몰고 다녀보면 고급 저택들이 곳곳에 세워져 있는 것이 보일 것이다. 그런 저택들은 부(富)와 출세의 상징이다. 그것들은 사회적으로 높은 지위와 소위 세력가(勢力家)의 상징이다. 우리는 저소득층에 속하는 십여 가구가 한 가옥에 모여 사는 경우도 종종 볼 수 있다. 그러나 세월이 흘러 그 저택들의 찬란함 또한 쇠할 것이다. 그것들은 수리를 해야 할 정도로 낡아진다.

불과 몇 세대 전의 저명인사들도 지금은 온데간데없이 사라져버렸다. 비록 그들의 이름이 인명사전에 올라와 있지만, 그들 대부분은 장차 자신들에게 무슨 일이 일어날지 알지 못했다. 생전에 그들은 자신들의 저택이 낡고 망가지고 가치를 잃을 것이라고는 꿈에도 생각지 못했다. 이 세상의 것들이 바로 이렇게 변해간다.

오늘 어떤 젊은 남자가 얼굴에 홍조를 띤 젊은 여자와 결혼을 한다고 치자. 신부는 눈이 부시게 아름답다. 세월이 흐르면서 그녀는 자기에게서 우리가 '쇠함'이라고 부르는 인간의 노화 현상이 일어나고 있다는 것을 발견한다. 그리하여 그녀는 서둘러 미용실이나 화장품 가게나 심지어 성형외과로 달려간다. 그녀는 자기의 미모가 쇠해가는 것을 조금이라도 늦추어야 한다고 생각한다.

많은 남자들이 외모에는 별로 신경을 쓰지 않지만, 자신의 건강을 위해 약사와 의사에게 많은 돈을 갖다 준다. 그들은 곧잘 위궤양이나 류머티즘 등으로 고생한다. 그들은 나이가 들수록 자신들의 기력이 쇠하여지는 것을 깨닫는다.

오래된 책과 물건처럼 오래된 편지도 빛을 바랜다. 때때로 어떤 사람들은 옛날 물건의 가치를 높이기 위해 그것들을 손질하여 새롭게 하지만, 한두 세대가 지나면 그것들을 다시 손질해야 한다. 이렇게 시간이 지남에 따라 모든 것은 쇠하여진다.

성경은 우리가 시들어가는 들의 꽃과 같은 존재라고 분명히 말한다(사 40:8 참조). 꽃은 오늘 피어 있지만 점점 시들어 결국 사라지고 만다.

우리를 보호하시는 이유

나는 우리를 위해 하늘에 마련된 영원한 기업에 지극히 관심이 많다. 내게는 하늘의 기업이 내 오른손만큼이나 확실한 실재(實在)이다.

나는 우리의 장래 기업에 대한 베드로의 묘사에 만족한다. 또한 나는 우리가 믿음을 통해 하나님의 능력으로 보호를 받아 결국 이 기업을 얻게 되리라는 그의 증거에 만족한다. 그는 "너희가 말세에 나타내기로 예비하신 구원을 얻기 위하여 믿음으로 말미암아 하나님의 능력으로 보호하심을 입었나니"(벧전 1:5)라고 말한다.

왜 그는 우리에게 이렇게 말하는가? 왜 그는 '기업'이 보호받고 있다고 말하지 않는가? 왜 그는 우리의 기업에 대해 묘사한 다음에 "너희가 … 하나님의 능력으로 보호하심을 입었나니"라고 말하는가?

나는 그 이유를 안다. 우리의 기업은 썩지 않는 것인데, 우리가 그것을 썩게 만들면 어떻게 하겠는가? 우리의 기업은 영원히 쇠하지 않는데, 우리가 쇠하면 어떻게 되겠는가? 우리의 기업은 남아 있는데, 우리가 없어지면 어떻게 되겠는가? 만일 그렇게 된다면 하나님께서는 쇠하지 않는 기업을 예비하고도 정작 그것을 받을 사람을 지키지 못한 것에 대해 당혹감을 느끼실 것이다.

하나님이 당혹감을 느끼신다는 것이 말이 되는가? 하나님께서 기업은 예비해놓고 정작 그것을 받을 사람이 없어지는 상황을 허락하시겠는가? 그런 일은 결코 일어날 수 없다! 하늘이 두 쪽이 나도 그런 일은 일어날 수 없다. 우리는 하나님의 능력에 의해 보호를 받아 주께서 우리를 위해 하나님나라에 예비하신 기업을 결국 얻을 것이다. 그러므로 나는 우리를 보호하시는 하나님의 능력을 굳게 의지한다.

이제 나는 당신에게 묻겠다. 당신이 하나님의 능력에 의해 보호를 받는다면, 하나님의 계획과 능력을 보여주는 징후가 당신의 삶에서 날마다 나타나고 있는가?

베드로가 명백히 밝히는 바에 의하면, 우리는 택함 받고 거듭나고 순종하고 믿는 자들이다. 나는 여기에 답이 있다고 생각한다.

첫째, 택함 받은 것을 보자. 선택은 하나님께서 하시는 일이다. 우리가 그것에 대해 알기도 전에 하나님이 행하신 것이다.

둘째, 거듭남의 문제를 보자. 이것은 우리가 그리스도를 믿을 때 하나님이 이루시는 일이다.

셋째, 순종과 믿음의 문제를 보자. 믿음으로 말미암아 하나님의 능력으로 보호를 받아 기업을 얻은 자들은 순종과 믿음을 보인다.

사랑하는 친구여! 우리는 이런 사람들이다. 그리스도인으로서 우리는 단지 부유한 것으로 끝나지 않는다. 우리는 부유하되 고상하게 부유한 것이다! 우리의 부(富)는 변명이나 정당성을 필요로 하는 부가 아니다. 우리의 부는 더러운 손을 거쳐 우리에게 주어진 부가 아니다.

나는 우리가 우리의 영원한 부를 누릴 날이 언제일까 궁금하다. 다시 말해서, 가난에 시달리는 부끄러운 모습을 보이지 않으려고 쥐구멍으로 들어가는 자가 아니라 풍성한 부를 누리는 떳떳한 자로서 살아갈 날이 언제 올까 궁금하다.

우리가 얼마나 부유한 존재인지를 세상에 알리자! 온 세상에 크게 외치자! 하나님 아버지께서 우리를 위해 기업을 예비하고 계시며, 우리가 하나님의 능력으로 보호 받고 있다고 말이다. 하나님의 자녀들은 이렇게 외치는 일에 시간을 투자해야 마땅하다.

교만의 면류관을 벗어 던지고
겸손의 옷을 입으라

신자들이 반드시 알아야 할 중요한 사실이 있다.
그것은 바로 그리스도께서 겸손의 옷을 입고 이 땅에 오셨기 때문에
겸손의 옷을 입은 자들과 함께 거하신다는 것이다.

"다 서로 겸손으로 허리를 동이라 하나님이 교만한 자를 대적하시되
겸손한 자들에게는 은혜를 주시느니라"(벧전 5:5).

사도 베드로는 그리스도인들에게 서로 간의 관계에서 겸손의 옷을 입으라고 권면한다. 참된 겸손이야말로 우리가 그리스도인인 것을 알리는 일상적인 제복(uniform)과 같다.

지금으로부터 먼 옛날인 베드로의 시대에 사람들은 사회적 지위와 신분에 따라 옷을 다르게 입었다. 오늘날도 우리는 공무원들의 제복을 보고 그들을 구분한다. 만일 우리가 어느 낯선 도시에 가서 어려움을 당해 급히 도움을 요청해야 할 경우,

우리는 제복을 입은 경찰관을 찾는다. 또한 우리는 날마다 우리 집 뜰을 밟는 우편집배원을 두려워하지 않는다. 왜냐하면 그의 제복이 그가 정부에 고용되어 공공의 유익을 위해 일하는 공무원인 것을 나타내기 때문이다.

겸손의 옷

성령께서 베드로를 통해 우리에게 가르치시는 것이 있다. 그것은 바로 그리스도의 몸의 지체들이 사랑과 긍휼과 은혜의 띠 안에서 서로에게 복종해야 한다는 것이다. '복종'과 '겸손'이라는 성실한 자세가 그리스도인들의 제복과 장식품이 되어야 한다. 그렇게 될 때 우리가 구속(救贖)받고 순종하는 그리스도의 제자로서 하나님께 속했다는 사실이 드러날 것이다.

베드로의 권면은 이상한 것이 아니다. 우리 주님이 이미 겸손의 옷을 입고 고난의 길을 택하여 낮아지시고 십자가에서 돌아가셨기 때문이다. 주님은 겸손이 무엇인지 삶으로 친히 보여 주셨는데, 이 거룩한 모범이 성경에 잘 기록되어 있다.

"그는 근본 하나님의 본체시나 하나님과 동등됨을 취할 것으로 여기지 아니하시고 오히려 자기를 비어 종의 형체를 가져 사람들과 같이 되었고 사람의 모양으로 나타나셨으매 자기를 낮추시고 죽기까지 복종하셨으니 곧 십자가에 죽으심이라 이러므로 하나님이 그를 지극히 높여 모든 이름 위에 뛰어난 이름을 주사"(빌 2:6-9).

신자들이 반드시 알아야 할 중요한 사실이 있다. 그것은 바로 그리스도께서 겸손의 옷을 입고 이 땅에 오셨기 때문에 겸손의 옷을 입은 자들과 함께 거하신다는 것이다. 그렇다! 우리는 겸손한 사람들 가운데서 주님을 발견할 수 있다. 아직도 우리 중에 이 교훈을 깨달아야 할 사람들이 많이 있다.

이와 관련해서 나는 아가서에 나오는 다소 놀라운 구절에 대해 언급하겠다. 이 구절에 따르면, 천상(天上)의 신랑은 하나님의 사랑을 받는 자들과 교제하며 겸손한 섬김의 자리에 있기를 원하신다. 이 구약성경의 이야기가 성경 해석자들과 신학자들의 호된 비판 앞에서 무너진다고 주장하는 사람들이 일부 있는 것은 사실이다. 하지만 나는 이 구약성경의 이야기를 탁월하고 강력한 예증(例證)으로 사용하겠다. 솔직히 말해서, 나는 아가서에 대한 특정 해석만이 옳은 것인지에 대해 의문이 생긴다. 아가서에 대한 다양한 해석이 우리에게 제시되는 것이 우리의 현실이다.

아가서 5장을 보자. 신부는 자신의 고민을 이야기한다. 그녀가 사랑하는 사람이 밤에 찾아와 그녀를 불러내려고 했지만 그녀가 더디 응답하는 바람에 그가 가버렸다. 그는 그녀를 부르며

“내가 백합화를 꺾고 몰약을 거두고 양떼를 먹이느라고 내 머리가 이슬에 젖고 내 머리채가 밤이슬에 젖었소”라고 말했다.

신부는 자기에게 일어난 일을 다음과 같이 말한다.

“나는 잠을 자기 위해 여러 가지 준비를 했습니다. 하지만 내가 사랑하는 사람의 부름에 즉시 응답할 수 있는 복장을 하고 있지 않았습니다. 그 분은 내가 자신과 같은 겸손과 섬김의 정신으로 함께 양떼를 먹이고 동산과 들에 나가 의무를 다하기를 원했습니다.”

그리고 그녀는 “내가 나의 사랑하는 자 위하여 문을 열었으나 그가 벌써 물러갔네 … 내가 그를 찾아도 못 만났고 불러도 응답이 없었구나”(아 5:6)라고 말한다. 그녀가 신랑의 겸손한 태도를 따라 행하기 위해 복장을 갖춰야겠다고 마음먹었을 때 그는 이미 떠나고 없었다.

하나님은 언제나 겸손한 사람 편에 서신다고 성경은 분명히 가르친다. 베드로는 “하나님이 교만한 자를 대적하시되 겸손한 자들에게는 은혜를 주시느니라”(벧전 5:5)라고 선언한다.

대부분의 사람들은 자기들이 어디에 있든지 간에 예수 그리스도를 발견할 것이라고 생각한다. 그러나 우리는 주께서 어디에 계시든지 간에 주님을 발견해야 한다. 주님이 계신 곳은 바로 겸손의 자리이다! 언제나 그렇다!

하나님은 교만한 자를 대적하신다

하나님은 교만하고 완고한 사람을 대적하신다. 우리가 교만한 마음을 품을 때, 하나님은 그것을 하나님을 대적하는 것으로 간주하신다. 어떤 사람이 고개를 쳐들고 "하나님, 당신을 대적합니다! 당신에게 도전합니다!"라고 말하는 일은 거의 일어나지 않는다. 100년에 한 번쯤 일어날지 모르겠다.

이런 식으로 하나님을 대적하는 사람은 거의 없다. 사람들은 대개 하나님의 반대편에 서서 하나님의 방법을 대적한다. 그러나 성경이 우리에게 분명히 가르치는 것이 있다. 교만하고 완고한 사람이 하나님을 대적하면 하나님이 그 사람을 대적하신다는 것이다. 만일 어떤 사람이 작심하고 그리스도인들을 대적한다면 설사 그가 옳다 할지라도 하나님은 그를 대적하실 것이다. 왜냐하면 그의 마음과 태도가 잘못되었기 때문이다.

하나님은 마음을 보신다

하나님은 우리의 상황보다 우리의 마음과 태도를 더 중요하게 보신다. 하나님은 우리가 다른 사람에게 학대를 당했다는 사실보다 우리가 그런 학대와 냉대에 어떻게 반응했는가에 더 큰 관심을 가지신다.

어쩌면 당신은 청산유수 같은 말솜씨를 가진 사람에게 책망을 들은 적이 있을 것이다. 그러나 그들의 그런 달변이 하나님께는 통하지 않는다. 당신이 하나님의 자녀로서 복음 때문에 사람들에게 박해나 학대를 받을 때, 하나님은 당신이 그들에게 어떤 태도를 보이는지에 관심을 가지신다.

사람들에게 박해나 학대를 받을 때 당신은 복수를 꿈꾸며 어금니를 꽉 깨무는가? 그들에게 예수 그리스도의 사랑과 은혜를 전하라는 하나님의 영(靈)의 요구에 당신이 저항한다면 하나님은 당신을 대적하실 것이다. 물론 그렇다고 해서 하나님께서 당신을 학대한 사람의 편에 서신다는 의미는 아니다. 다만 하나님이 당신을 대적하지 않으시면 안 된다는 뜻이다. 다시 말하지만, 하나님은 마음이 완고한 사람을 대적하신다.

아무리 결과적으로 당신이 옳다 할지라도 하나님께서는 당신의 태도를 중요하게 보신다. 대부분의 경우에 하나님께서는 교만한 자에게 즉시 심판을 내리지 않으신다. 하나님께서 교만한 자를 대적하실 때 많은 사람들이 알 수 있도록 심판하시는가? 내가 볼 때 그런 것 같지 않다.

하나님께서 극적인 심판을 내리시는 경우는 드물다. 만일 하나님께서 극적인 방법으로, 예를 들어 병사들이 서로를 칼로 찌르는 방법으로 심판을 내리신다면 우리는 좀 더 빨리 겸손과 순종의 교훈을 배울 것이다.

영적 침체

대개 하나님의 심판은 우리 눈에 보이지 않는 방법으로 찾아
온다. 하나님께서 어떤 사람의 마음과 태도의 죄 때문에 그를
대적하실 경우에 심판의 징후로서 나타나는 것이 있는데, 그것
은 우리 마음속에서 천천히 진행되는 '영적 침체'이다. 우리가
하나님께 복종하기를 원하지 않을 때, 우리 마음은 서서히 굳
어지고 그러다가 결국 냉소적으로 변한다. 그리스도인으로서
의 기쁨이 사라지고, 성령의 열매도 나타나지 않는다.

쉽게 말해서 이런 사람은 맛이 간다. 상하여 신맛을 내는 과
일처럼 말이다. 교만한 마음으로 하나님을 대적하는 사람은 자
기 스스로 자꾸만 맛이 간다.

하나님은 교만한 자를 대적하시는데, 이와 관련해서 내가 강
조하고 싶은 것은 이것이다. 즉, 교만한 사람이 결과적으로 잘
못을 범하지 않았다 할지라도 문제는 그가 마음가짐의 시험에
통과하지 못했다는 것이다.

하나님의 손 아래서

내가 또 강조하고 싶은 성경의 분명한 교훈이 있다. 그것은
바로 교만한 자를 대적하시는 하나님께서 겸손한 자에게는 즉
시 은혜를 베푸신다는 것이다.

성경은 우리에게 "하나님의 능하신 손 아래서 겸손하라"(벧전 5:6)라고 가르친다. 그런데 우리가 오직 하나님의 손 아래서만 겸손해지는 것은 비교적 쉬운 일일 것이다. 만일 주께서 우리에게 "내가 교회 앞에 설 것이니 너희는 내 앞에 무릎을 꿇고 너희를 낮추어라"라고 말씀하신다면 우리가 주님의 말씀대로 행하는 것이 그렇게 힘든 일은 아닐 것이다. 왜냐하면 그리스도 앞에 무릎을 꿇는 것은 굴욕적이지 않기 때문이다.

그렇지만 우리가 높으신 곳에 위엄 가운데 앉으신 분 앞에 무릎을 꿇는다 할지라도 조금도 겸손해지지 않을 수 있다. 하나님은 우리의 마음을 꿰뚫어 보신다. 따라서 당신이 겸손한 척 시늉만 한다고 해서 하나님은 당신을 겸손한 자로 인정하지 않으신다.

하나님께서는 당신이 당신의 구두를 닦을 자격조차 없다고 여기는 사람들을 사용하여 당신을 낮추실 수 있다. 하나님은 그들이 당신에게 퍼붓는 것은 무엇이든지 당신이 온유한 마음으로 다 받기를 원하신다. 이런 온유한 마음이 생긴다면 당신은 하나님의 능하신 손 아래서 겸손해질 수 있다.

우리 구주 예수 그리스도의 모범을 떠올리자. 예수님은 매서운 채찍질에 살점이 뜯겨져 나갔다. 주께 채찍을 휘두른 자는 천사장(天使長)이 아니라 로마의 병사였다. 주께 욕설을 퍼부은 자들도 하늘의 천사들이 아니라 주님의 신발에 묻은 먼지조차 털 자격이 없는 사악하고 불경건하고 입이 더러운 자들이었다.

예수님은 자발적으로 사람들의 손 아래서 자신을 낮추셨고, 그렇게 하심으로써 결국 하나님의 손 아래서 자신을 낮추셨다. 여기서 우리는 그리스도인들이 종종 묻는 질문, 즉 '나는 내 자신을 낮추어 삶의 모든 상황을 온유한 마음으로 받아들이고 있는가?'라는 질문을 떠올릴 수 있다.

때가 되면

우리는 이 질문에 대해 "그리스도인으로서 우리는 겸손이라는 미명하에 도덕과 진리를 희생해서는 안 된다"라고 대답해야 한다. 진리를 희생하면서까지 겸손해져야 한다는 것은 잘못된 말이다. 겸손해지기 위해 도덕을 타협의 대상으로 삼는 것은 옳지 않다.

나는 우리가 윤리와 진리의 영역에서 스스로의 품위를 떨어뜨리는 것은 하나님의 뜻이 아니라고 확신한다. 우리가 하나님의 능하신 손 아래서 겸손해져서 원수들이 돌을 던지면 돌을 맞는 것이 하나님의 뜻이다.

하나님께서는 하나님의 자녀들에게 겸손하라고 명하시면서 "때가 되면" 그들을 높이겠다고 약속하신다(벧전 5:6). 그렇다면 "때가 되면"이라는 말이 무슨 뜻인가? 내가 볼 때, 이것은 "상황을 전부 고려해서 가장 적합할 때"라는 의미로 보인다. 다시 말해서, 이 말은 하나님께서 우리를 온전케 하기에 가장 적합하다고 판단하실 때, 즉 하나님께 영광을 돌리고 사람들에게 최대의 유익을 끼칠 수 있을 때를 의미한다.

하나님께서 우리를 높이시기 전에 우리가 오랜 시간 기다리는 것이 하나님의 뜻이다. 하나님의 때가 되기 전에 오랜 세월 우리가 겸손과 복종 가운데 수고하는 것이 하나님의 뜻이다.

그러므로 사랑하는 자여! 당신이 범사에 하나님께 영광을 돌리고 하나님을 높이는 성도가 되기를 원하시는 하나님께서는 당신에게 가장 적합한 때가 언제인지를 아신다.

많은 그리스도인 부모들이 자녀들에게 해를 끼칠 수 있다. 예를 들면, 그들이 충분히 나이를 먹기 전에 차를 몰도록 운전을 가르치거나 그들이 책임의 의미를 알기도 전에 너무 많은 자유를 허락할 수 있다.

이렇게 방향을 잘못 잡은 부모의 사랑 때문에 결국 자녀들이 해(害)를 입는다. 무릇 어떤 사람에게 그가 노력한 것이 아닌 것을 주거나 받을 자격이 없는 것을 허락하는 것은 결국 그에게 해가 된다.

시련의 불을 통과하라

이와 마찬가지로 성도가 시련의 불을 다 통과하기도 전에 하나님께서 찾아오셔서 그 사람을 옹호하신다면 그것은 그에게 해를 끼치는 일일 것이다.

우리는 성경의 진리를 보아야 한다. 인간들이 지어낸 소설 같은 이야기들을 보아서는 안 된다. 다니엘이 사자 굴에 던져진 사건이 현대 소설에 등장한다고 가정해보자. 현대 소설은 다니엘을 일찌감치 보호할 것이다. 예를 들면, 그가 사자 굴에 던져지는 순간에 하늘에서 음성이 들려 사자들이 갑자기 죽임을 당할 것이다.

그러나 성경은 다니엘의 사건에 대해 어떻게 기록하고 있는가? 하나님께서는 다니엘의 적(敵)들이 그를 사자 굴에 던지도록 허락하셨고, 다니엘은 사자들과 함께 다음 날 아침까지 사자 굴에서 잠을 잤다! 다니엘을 위한 하나님의 적절한 때는 그 전날 밤이 아니라 그 다음 날 아침이었다.

나는 또 현대 소설가들이 풀무 불에 던져진 세 히브리 소년들에 대한 사건을 소설로 쓴다면 어떻게 쓸 것인지 궁금하다. 이 사건 하나만으로도 두꺼운 소설책 한 권을 쓰고도 남을 것이다. 추측하건대, 현대 소설가들은 어떤 극적인 장치를 마련해 이 세 소년이 풀무 불에 던져지기 직전에 풀무 불이 꺼지도록 만들 것이다. 그러나 그렇게 된다면 이 세 소년은 진정한 시련을 통과하지 못한 것이 된다.

하나님께서 하나님의 방법으로 일하시어 적절한 때 영광을 받으시기 위해서는 이 세 소년이 풀무 불 속으로 떨어져야 했다. 하나님의 적절한 때가 그때였기 때문이다!

하나님의 때

하나님은 "때가 되면" 당신을 높이겠다고 말씀하신다. 그런데 여기서 때는 '당신의 때'가 아니라 '하나님의 때'라는 사실을 명심하라.

어쩌면 지금 당신은 풀무 불 속에 있을지도 모른다. 어쩌면 당신은 특별한 믿음의 시험을 통과하고 있을지도 모른다. 당신의 목회자나 당신 주변 사람들이 몰라주더라도 당신은 이제까지 하나님께 "어찌하여 저를 여기서 건져주지 않으십니까?"라고 부르짖고 있었는지도 모른다.

기억하라! 하나님의 계획에서 적절한 때가 아직 당신에게 이르지 않았다는 것을! 당신이 시련의 불을 잘 견디고 있으면 언젠가 하나님께서 당신을 건지실 것이다. 그러면 당신의 옷에서는 연기 냄새조차 나지 않을 것이고, 당신의 몸은 멀쩡할 것이다. 그런데 당신이 하나님의 때보다 일찍 시련의 불에서 건져

달라고 자꾸 졸라대면 오히려 해(害)가 생길 수 있다. 사실 이것이 당신이 시련을 겪는 동안 일어날 수 있는 유일한 해이다.

하나님은 때가 되면 당신을 높이겠다고 약속하신다. 하나님은 하나님의 자녀들에게 하신 약속을 반드시 지키는 분이시다. 당신은 하나님의 자녀이기 때문에 기다릴 수 있다. 하나님의 뜻 안에 있는 하나님의 자녀는 때(시간)에 대해 걱정할 필요가 없다.

시간이 없는 것은 죄인이다. 죄인은 서두르지 않으면 지옥에 갈 수밖에 없다. 그러나 그리스도인을 기다리고 있는 것은 영원한 복이다.

하나님의 뜻 안에서 끝까지 기다려라

만일 당신이 지금 풀무 불 속에 있을지라도 거기서 너무 일찍 나오려고 발버둥 치지 말라. 하나님의 뜻 안에서 끝까지 기다려라. 그러면 하나님의 때에 하나님께서 당신을 높이실 것이다. 하나님의 때는 상황에 딱 들어맞는 때이다. 하나님의 때는 하나님께 영광을 돌리고 당신의 영혼에 복이 있도록 적절히 계획된 때이다.

그리스도인으로서 우리의 약점은 시련이 채 끝나기도 전에 원한을 풀어달라고 끈질기게 조르는 것이다. 우리를 시험하고 우리에게 시련을 허락하겠다고 말씀하신 하나님께서는 시련이 끝나면 "너는 시험을 통과했다!"라는 판결을 내리실 것이다.

나는 우리가 그리스도의 재림을 기다리는 동안 하나님을 믿고 의지하는 자녀로서 올바로 행하는 법을 배우게 해달라고 기도할 뿐이다. 바울은 때가 찼을 때 예수님이 이 땅에 오셨다고 말한다. 그때는 물론 주께서 우리의 죄 때문에 죽기 위해 오신 것으로써 하나님께서 정하신 때였다.

때가 되면 하나님께서 우리를 높이실 것이라는 베드로의 이 메시지에는 주께서 하나님의 때에 이 땅에 다시 오실 것이라는 의미가 담겨 있다. 지금 우리를 향한 하나님의 뜻은 우리가 겸손한 옷을 입고 서로에게 복종하는 것인데, 이것은 하나님의 아들이 다시 오셔서 성도들과 함께 높아지도록 준비하는 과정이다.

끝없는 사랑을 부어주시는 주인께 충성하라

PART 03

참된 그리스도인에게서 발견되는 특성이 있다. 죄를 짓고 싶은 마음이 들 때 그는 언제나 하나님께 굴복한다. 죄의 유혹이 찾아올 때 그는 그것에 맞서 맹렬히 싸우지 않고 오히려 하나님께 복종하기 때문에 총 한 번 쏘지 않고 상처 하나 입지 않고 승리를 거둔다. 그는 하나님께 굴복하기 때문에 다른 사람들에 대해서도 승리를 거둔다.

내면을 아름답게 가꾸고
하나님과 사람에게 순복하라

언제까지나 지속되는 내면의 아름다움이 진정한 장식이다.
이것은 마음속 깊은 곳에서 은은히 빛을 발하는 아름다움으로서
돈으로 살 수 있는 온갖 보석들보다 더 아름다운 빛을 발한다.

"아내 된 자들아 이와 같이 자기 남편에게 순복하라 이는 혹 도를 순종치 않는 자라도 말로 말미암지 않고 그 아내의 행위로 말미암아 구원을 얻게 하려 함이니 … 너희 단장은 머리를 꾸미고 금을 차고 아름다운 옷을 입는 외모로 하지 말고 … 남편 된 자들아 이와 같이 지식을 따라 너희 아내와 동거하고 저는 더 연약한 그릇이요 또 생명의 은혜를 유업으로 함께 받을 자로 알아 귀히 여기라 이는 너희 기도가 막히지 아니하게 하려 함이라"(벧전 3:1,3,7).

우리는 현재 매우 유감스러운 시대에 살고 있다. 어떤 점에서 유감스러운가 하면, 대중 앞에서 말하는 강사라는 사람들이

남성과 여성 또는 남편과 아내 사이의 문제들을 너무 가볍게 다룬다는 점이다(이런 강사들 가운데는 설교자들도 많이 포함된다). 그들은 청중으로부터 한바탕 폭소를 이끌어내기 위해 이런 문제들에 대해 언급한다.

삶의 모든 영역에서 남성과 여성의 생물학적 특징들은 변하지 않고 그대로 남아 있지만, 이 양성(兩性)을 둘러싼 심리적 태도와 사회적 관계는 근본적으로 변했다. 양성의 관계에 있어서 적극적이고 근본적인 변화가 최근 일어났는데, 나는 여기서 여성해방을 위해 노력한다고 널리 찬사를 받는 여성운동의 탄생 배경과 다양한 측면들을 연구하는 일은 하지 않겠다.

우리가 따라야 할 유일한 원리

남편과 아내의 관계에 대해 내가 하고 싶은 말의 핵심은 이것이다. 남편이든 아내이든 간에 그리스도인의 경우, 그들이 따라야 할 유일한 원리는 성경의 교훈이다!

그리스도인들은 무엇보다도 하나님의 자녀이다. 하나님의 자녀로서 우리는 하나님의 말씀에 따라야 한다. 우리는 한 분과 한 책을 따라야 하는데, 그 한 분은 물론 우리 주 예수 그리스도이시고 그 한 책은 성경이다.

성경이 어떤 문제를 통해 당신에게 말하고자 하는 것이 무엇인지를 안다면, 영광 중에 계신 분을 기쁘게 해드리는 것이 무엇인지를 안다면, 당신에게는 모든 것이 더 이상 반론의 여지 없이 분명해질 것이다.

베드로는 자신의 서신에서 그리스도인 아내들이 남편들에게 복종해야 한다고 분명히 밝힌다. 이것은 우리가 성경의 다른 부분들에서 발견할 수 있는 교훈, 즉 인류의 머리인 남자가 가정의 머리이기도 하다는 교훈을 역설하는 것이다.

창세기를 보면, 하나님께서 흙으로 아담을 지으시고 그의 코에 생기(生氣)를 불어넣으셨다. 그런 다음 하나님은 아담이 독처하는 것을 좋게 여기시지 않았기 때문에 그의 갈비뼈를 사용하여 여자를 만드셨다. 여자는 이것을 이해하고 받아들여야 한다. 그러나 이것이 전부는 아니다. 남편이 가정의 머리라고 해서 그가 가정에서 폭군으로 행세하면서 가정을 철권으로 다스릴 수 있는 것은 아니다. 남편의 철권통치를 정당화하는 교훈이나 사례는 성경에 나오지 않는다.

아브라함과 사라의 이야기를 다시 읽어보라. 그러면 아브라함이 남편으로서 고상한 지도력을 지녔다는 사실을 알 수 있을 것이다. 철권통치는 그에게 상상할 수 없는 것이었다. 야곱은 여러 문제들을 겪으면서 고생을 많이 했지만, 그의 가정에는 언제나 따스함과 사랑이 있었다.

아브라함과 야곱뿐만 아니라 구약성경에 나오는 믿음의 조상들에 대해서도 살펴보라. 신약성경에 나오는 성도들과 비교하면 그들에게서 어두운 구석이 발견되는 것은 사실이다. 그럼에도 불구하고 하나님이 개입하신 가정들에서는 가장(家長)의 철권통치가 전혀 없었다.

상대방의 약점을 보충하라

성경을 하나님말씀으로 받아들이고 진지하게 연구하라. 그러면 남편과 아내가 서로의 약점을 보충하는 것이 성경의 교훈이라는 사실을 인정할 수밖에 없을 것이다. 남편은 아내에게 없는 것을 채워주고, 아내는 남편에게 없는 것을 채워주는 것이 하나님의 뜻이다.

남편이 폭군이 되어 아내와 자녀들을 모질게 다루어도 좋다고 성경은 말하지 않는다. 물론 그렇다고 해서 아내가 남편을 마음대로 하거나 남편에게 반기를 들어도 좋다고도 말하지 않는다. 만일 아내가 가정에서 고압적이고 파괴적이라면 그것은 죄와 불신앙의 산물(産物)일 것이다. 하나님께서는 그리스도인의 가정에 그런 아내가 존재하는 것을 기뻐하지 않으신다.

결혼은 두 사람이 자신들의 선택에 의해 서약하고 한 가정을 이루어 함께 사는 것이다. 남편은 성경에 기록된 하나님의 뜻에 따라 인류의 머리로서 가정의 머리이지만, 베드로의 온유한 권면에 따라 남편 노릇을 지혜롭게 해야 한다. 베드로는 "남편 된 자들아 이와 같이 지식을 따라 너희 아내와 동거하고 … 귀히 여기라"(벧전 3:7)라고 권면한다.

베드로는 또한 "남편 된 자들아 … 저는 더 연약한 그릇이요 또 생명의 은혜를 유업으로 함께 받을 자로 알아 귀히 여기라"(벧전 3:7)라고 권면하는데, 여기에는 남편이 자신에게 주어진 건전한 상식에 따라 지혜롭게 처신해야 한다는 교훈이 들어 있다. 베드로의 말대로, 남편과 아내는 하나님의 자녀들인 동시에 함께 생명의 은혜를 유업으로 받을 자들이다. 우리가 기도하면서 이 사실을 기억한다면, 이 사실에서 기사도(騎士道) 정신이 나왔다는 것을 알 수 있다. 물론 지금 나는 우리가 알고 있는 기독교적 기사도 정신을 말하는 것이다.

우리가 살고 있는 이 세상과 우리가 속한 이 사회는 여성을 '더 연약한 그릇'으로 보는 견해를 종종 비웃고 풍자하고 농담 거리로 삼는다. 만화가들은 몸집이 큰 여자가 어린 양처럼 순해 보이고 왜소한 남자를 이끌고 길거리를 걷고 있는 모습을 그려놓고 낄낄대며 좋아한다.

그러나 우리는 성경이 남자와 여자를 함께 생명의 은혜를 유업으로 받을 자들로 간주한다는 사실을 기억해야 한다. 남편과 아내가 모두 그리스도인이라면 그들은 함께 유업을 받을 것이다. 그들은 지극히 강력한 유대 관계를 맺고 있으며, 구주 예수 그리스도 안에서 하나이다.

베드로전서 3장 7절에서 베드로는 남편들에게 매우 강하게 말한다. 그는 남편이 아내를 친절과 존경으로 대하지 않으면 남편의 기도가 막힐 것이라고 말한다.

많은 그리스도인 남편들이 자신들의 기도가 응답 받지 못하는 이유에 대해 여러 가지로 생각할 것이다. 그럴 때 그들은 자기들이 아내를 배려하지 않고 위압적으로 대하지 않았는지를 스스로에게 물어야 한다.

더 연약한 그릇

남편이 자기의 마음과 뜻을 바르게 하고 지식을 따라 자신의 아내와 동거한다면, 아내를 "더 연약한 그릇"으로 여겨 기사도 정신을 발휘한다면, 아내 또한 그리스도 안에서 자녀 된 자라는 사실을 기억한다면, 사탄이 온갖 이유들을 들이대며 기도 응답을 방해할지라도 남편의 기도가 응답을 받을 것이다.

남편의 영적 문제의 원인은 크렘린(러시아 모스크바에 있는 궁전)이나 로마교황청에 있지 않고 남편 자신에게 있다. 남편이 아내에게 불평하고 고함치고 군림하려는 유혹을 이기지 못하고 그런 태도를 보이기 때문에 자신의 영적 문제가 해결되지 않는 것이다.

남편이 아내에게 불평하고 고함치고 군림하는 것은 그리스도인 가정에서 용납될 수 없다. 성경은 남편과 아내가 서로 이해하고 사랑하고 협력하며 사는 것이 옳다고 가르친다.

신앙이 없는 배우자

또한 베드로전서 3장 1,2절에서 베드로는 신앙이 없고 신앙을 비웃는 남편과 함께 사는 그리스도인 아내가 어떻게 살아야 할지에 대해 가르친다. 이 문제는 비단 베드로가 살았던 고대 사회의 문제만은 아니다. 사실 오늘날 교회들에는 "우리 남편은 하나님을 미워해서 내가 교회에 간다고 하면 온갖 불평과 욕설을 퍼붓습니다. 이런 남편과 살고 있는 내가 어떻게 해야 성경의 교훈에 순종하는 삶을 살 수 있습니까?"라고 묻는 그리스도인 아내들이 있다.

우선, 그런 아내들이 인정해야 할 사실이 있다. 그것은 그들이 날마다 남편의 회심(回心)을 놓고 기도하지만 그들 생전에 남편의 회심을 보지 못할 수도 있다는 것이다. 왜냐하면 그들이 하나님께서 원하시는 성경적 태도를 가지고 살지 않기 때문이다. 좀 더 노골적으로 말하면, 남편은 아내에게서 영적으로 성숙한 모습을 보기 원하지만, 아내가 그런 모습을 보이지 않기 때문이다.

베드로는 그리스도인 아내들에게 지극히 분명한 교훈을 가르친다.

"아내 된 자들아 이와 같이 자기 남편에게 순복하라 이는 혹 도를 순종치 않는 자라도 말로 말미암지 않고 그 아내의 행위로 말미암아 구원을 얻게 하려 함이니 너희의 두려워하며 정결한 행위를 봄이라"(벧전 3:1,2).

베드로의 이 교훈에는 "남편에게 순종하는 아내는 가정에 많은 유익을 끼치며, 말을 많이 하지 않아도 남편의 마음을 움직이기 때문에 남편을 신앙으로 이끌 수 있다"라는 뜻이 담겨 있다. 여기서 베드로가 강하게 암시하는 것이 이것이다. 그것은 바로 겉으로는 아내의 신앙을 거부하고 비웃는 남편도 하나님을 두려워하는 온유하고 정숙한 아내의 언행을 보고 양심에 큰 충격을 받을 수 있다는 것이다.

지금까지의 이야기를 요약하자면, 나는 두 가지 극단적인 경우를 언급했다. 하나는 가족에게 가혹하게 대하기 때문에 기도 응답을 받지 못하는 남편이고, 다른 하나는 남편의 박해를 참지 못해 경건 생활이 무너지는 아내이다. 물론 나는 이 두 경우 사이에 선하고 고상한 부부들이 아주 많이 있다는 것에 대해 하나님께 감사드린다. 이런 부부들은 자신들이 처한 상황에서 하나님을 위해 최선의 노력을 아끼지 않는다. 그들은 분하고 억울한 일들을 참으면서 하나님의 은혜를 경험한다. 많은 부부들이 이렇게 그리스도의 사랑의 끈 안에서 화목하게 생활하는 것에 대해 나는 하나님께 감사드린다. 이런 부부들은 성령의 도우심을 받아 자신들의 가족과 이웃과 친구들에게 성실한 모범을 보인다.

아내들을 위한 권면

어쩌면 당신은 "토저 목사님, 베드로가 자신의 시대의 아내들에게 준 교훈의 나머지 부분은 건너뛰려는 것입니까?"라고 물을지도 모른다. 성경본문에서 해석하기 어려운 부분이 있는 것은 사실이다. 하지만 내일 죽을지라도 나는 오늘 내가 두려움과 소심함 때문에 성경의 한 구절의 해석을 회피했다는 오명을 안고 죽고 싶지는 않다.

베드로는 또 아내들에게 "너희 단장은 머리를 꾸미고 금을 차고 아름다운 옷을 입는 외모로 하지 말고 오직 마음에 숨은 사람을 온유하고 안정한 심령의 썩지 아니할 것으로 하라"(벧전 3:3,4)라고 권한다.

첫째, 우리는 베드로가 그의 논리를 어떻게 전개하는지에 주목해야 한다. 여기서 그는 남성과 여성을 구별 짓는 차원을 넘어서서 영적 차원으로 올라가 논의를 진행한다. 영적 차원에서는 남녀의 성(性) 구별이 의미가 없고 오직 "마음에 숨은 사람"과 "심령"이 중요할 뿐이다.

둘째, 우리는 사람의 외모를 꾸미는 장식의 문제에 있어서 성경이 무엇이라고 말하는지를 살펴봐야 한다. 성경은 여자가 외모의 장식과 아름다운 옷을 통해 매력적으로 보이려고 애쓰지 말아야 한다고 말한다. 그렇다면 성경은 여자가 머리를 땋고 금을 차고 아름다운 옷을 입는 것을 명백히 금하는가? 이것은 사람들이 종종 묻는 질문이다. 일단 이 질문에 "그렇다"라고 대답한 다음, 우리의 논리를 계속 진행해보자.

내가 소년이었을 때 같은 또래 여자아이들은 모두 머리를 땋아 허리까지 늘어뜨렸다. 그들은 머리가 길수록 더 자랑스러워했다. 성경은 여자가 땋은 머리로 장식해서는 안 된다고 가르치는가? 이 질문에 우리가 "그렇다. 성경은 그렇게 말한다"라고 대답한다면 우리는 이제부터 땋은 머리를 용납해서는 안 된다.

베드로의 권면을 더 들어보자. 그는 아내들에게 금으로 장식하지 말라고 권한다. 그리스도인 여자는 어떤 경우든 금붙이를 몸에 매달아서는 안 되는가? 이 질문에 "그렇다"라고 대답한다면 우리는 금으로 장식하는 것을 일절 거부해야 한다.

베드로는 또 아름다운 옷으로 단장하지 말라고 권한다. 자, 어떤가? 이제 우리의 논리는 벽에 부딪힌다. 왜냐하면 베드로의 이 말에 여자가 멋진 옷을 절대 입어서는 안 된다는 뜻이 담겨 있다고 볼 수 없기 때문이다.

베드로의 권면이 머리를 땋거나 금 장식품을 붙이거나 아름다운 옷을 입는 것을 엄격히 금하는 것이 아니라면 도대체 무슨 뜻이라는 말인가?

베드로의 이 말에는 사람의 진정한 매력이 외적인 데 있지 않고 내적인 데 있다는 뜻이 내포되어 있다. 그리스도인 여성은 돈으로 매력을 살 수 없다는 사실을 기억해야 한다. 아름답게 빛나는 매력은 몸에서 나오지 않고 마음과 영(靈)에서 나온다는 사실을 기억해야 한다.

이것이 베드로의 말에 담긴 진정한 의미이다. 이 의미가 아닌 다른 의미로 그의 말을 해석한다면 그것은 편협한 해석으로서 결국 가혹한 광신적(狂信的) 행동을 낳을 뿐이다.

베드로가 여성이 머리 땋는 것을 금하는 법을 제시한다는 해석을 정당화할 만한 표현은 여기서 한 줄도 발견되지 않는다. 여자들은 자신들의 머리를 가꾸고 단정히 해야 한다는 것을 본능적으로 안다.

금을 적절한 방법으로 사용하는 것을 금하는 성경구절은 단한 구절도 없다. 하나님께서는 창조 때에 금을 만드시고 그것을 이곳저곳에 심어놓으셨다. 금은 보기에 아름다울 뿐만 아니라 하나의 화학적 원소이다. 우리는 금을 사용할 수 있는데, 성경은 우리에게 "금을 몸에 붙이지 말라"라고 명하지 않는다. "좋은 옷을 입지 말라"라고 명하지 않듯이 말이다.

진정한 매력

이제 성경의 교훈이 분명해졌다. 성경은 당신의 옷을 진정한 매력의 근원으로 삼지 말라고 가르친다. 성경은 진정한 아름다움이 금에 있다고 착각하지 말라고 말한다.

베드로가 "너희 단장은 머리를 꾸미고 금을 차고 아름다운 옷을 입는 외모로 하지 말고"(벧전 3:3)라고 말했을 때는 그럴 만한 이유가 있다고 보아야 한다. 왜냐하면 역사적 연구에 의해 밝혀졌듯이 베드로 당시에도 나름대로 관습과 유행이 있었기 때문이다. 내가 볼 때, 베드로 당시 이교도의 세계에서 불신자 여성들 사이에서는 머리를 땋는 것이 자랑스러운 기술이고, 금 장식품을 몸에 붙이고 좋은 옷을 입는 것이 유행이었던 것 같다.

"그리스도인 여성들은 이전에 주님을 몰랐던 때와는 다른 사람이 되어야 한다. 그리스도인이 되었으므로 이제는 의복과 장식품보다는 인격과 영성(靈性)에 더 큰 관심을 쏟아야 한다"라는 베드로의 말이 일부 사람들에게는 약간 불쾌하게 들릴 수 있을 것이다.

사람의 진정한 매력이 내면에 있다고 말한 나로서는 또 덧붙이지 않으면 안 될 말이 있다. 그것은 그리스도인 여성이 늘 꾀죄죄한 옷차림과 외모로 생활해서는 안 된다는 것이다. 성경책과 교회학교 공과책을 옆에 끼고 다니는 그리스도인 여성이 '지저분한 여자'로 소문나서야 되겠는가?

만일 이런 여자가 내 앞에 나타나 자신의 깊은 영성에 대해 말한다 할지라도 나는 감동하지 않을 것이다. 오히려 나는 당황한 표정을 지으며 속으로 '이 사람이 다락방 옷장에 처박혀 있는 누더기를 꺼내 입고 왔는가? 아니면 다락방에서 잠을 자고 나왔는가?'라고 생각할 것이다.

이에 대해 나는 분명히 말할 수 있다. 진정한 영성은 눈에 거슬리는 단정치 못한 외모를 그냥 내버려두지 않는다. 예수 그리스도는 사람들을 당황하게 만드는 지저분하고 정신 사나운 복장과 외모를 싫어하신다. 온유하신 질서의 성령님도 싫어하신다.

내가 기억하는 한 가지 이야기가 있다. 옛날에 퀘이커파(the

Quakers, 조지 폭스가 17세기에 설립한 기독교 교파)의 어떤 형제가 같은 도시에 사는 어떤 그리스도인 자매의 집을 방문했다. 두 사람은 퀘이커 교도의 전통에 따라 매우 공손히 인사를 하고 하나님의 일에 대해 간단한 대화를 나눴다.

그 형제가 그 자매의 집을 떠나려고 할 때, 그녀가 "형제님, 떠나시기 전에 저와 함께 기도하지 않으실래요?"라고 물었다. 그러자 그가 "싫습니다"라고 대답했다. 그녀가 "왜 싫습니까?"라고 물었다.

그러자 그 남자는 "자매님의 집은 너무 더럽습니다. 하나님께서는 제게 더러운 집에서 무릎을 꿇으라고 말씀하지 않으셨습니다. 먼저 자매님의 집부터 깨끗이 청소하십시오. 그러면 나중에 다시 와서 기도하겠습니다"라고 대답했다.

어쩌면 그녀는 기도하느라 너무 바빠서 청소를 못 했을 수도 있다. 하지만 그녀가 집 안을 깨끗이 치우고 정돈했다면 그녀의 신앙 간증이 더욱 설득력 있었을 것이고, 더 효과적인 기도 생활을 할 수 있었을 것이다.

알맞은 옷차림

앞에서도 말했지만 그리스도인 여성들은 외모에 어느 정도 신경을 써야 하는데, 나는 이것을 다음과 같은 네 가지로 요약해서 표현하고 싶다.

첫째, 깨끗해야 한다.

둘째, 단정해야 한다.

셋째, 절도가 있어야 한다.

넷째, 적절해야 한다.

깨끗하다는 것이 무슨 말인지 모르는 사람은 아무도 없을 것이다. 아무리 가난하다 할지라도 깨끗할 수 있다. 오늘날 우리 주변에 물이 없어서 씻지 못하는 사람은 거의 없다.

우리가 일상생활에서 단정한 옷차림을 하고 사람들을 만나는 것은 불가능한 일이 아니다. 만약 당신이 폭풍우를 뚫고 나온 사람처럼 흉측한 몰골로 사람들 앞에 나타난다면 어떻게 될까? 그런 일은 절대 없어야 한다!

현재 우리 시대에 일부 사람들은 '절도 있다'라는 말을 우습게 여긴다. 이 단어를 들을 때 그냥 웃어넘기겠다고 마음먹으면 그렇게 할 수도 있을 것이다. 그러나 이것은 장차 임할 심판의 날에 우리가 직면해야 할 단어들 중에 하나이다.

우리는 '적절하다'라는 말이 그리스도인의 생활에서 매우 중요하다는 사실을 기억해야 한다. 나는 그리스도인 여성들이 적절하게 옷을 입어야 한다고 생각한다. 다시 말해서, 그들이 상황이나 자신의 소득에 맞게 적절한 옷을 입어야 한다고 생각한다. 사람들에게 전도지를 나눠주는 그리스도인 여성이 요란스럽고 야한 옷을 입거나 더럽고 단정치 못한 옷을 입는다면 전도 효과가 크게 떨어질 것이다.

어떤 여자들은 옷을 살 돈이 없다고 핑계를 대면서 되는대로 옷을 걸치고 외출한다. 하지만 아무리 돈 문제로 생활이 어렵다 해도 남들이 보기에 기괴한 복장을 하고 외출해서는 안 된다.

나는 종종 버스를 이용하는데, 버스 요금만 내면 버스 안에 있는 다양한 사람들의 모습을 관찰할 수 있다. 부적절하고 기괴한 옷차림을 한 여자가 버스에 올라타면 나는 속으로 '저 여자의 가족 중에 저 여자에게 그런 옷차림으로 밖에 나가면 교도소에서 방금 탈옥한 줄 알 것이라고 말해주는 사람이 없을까?'라고 생각한다.

조금 깊이 생각하면 모순이라고 여겨질 만한 일들이 우리 주변에서 흔히 벌어진다. 젊어 보이겠다는 목표를 세우고 옷과 화장품을 사기 위해 열심히 돈은 버는 여자들이 돈을 버는 과정에서 과로로 늙는다!

내 생각은 이렇다. 만일 어떤 그리스도인 여자가 외모를 아름답게 치장하는 데 자기의 재정적 능력의 한계를 넘어 과도한 비용을 지출한다면 그것은 그녀의 건전한 상식이나 영성(靈性)의 명예를 깎아내리는 행위가 될 것이다.

귀감이 되는 인물을 찾아라

끝으로 나는 그리스도인 여성이 일상생활에서 자신을 어떤 인격의 소유자로 보이느냐에 신경을 많이 써야 한다고 생각한다. 모범적인 사람들보다는 문제 있는 사람들이 우리의 머릿속에 더 많이 떠오르는데, 이것은 참으로 슬픈 현실이다.

영국의 역사책들은 수잔나 웨슬리가 그녀의 시대에 가장 옷을 잘 입는 여성이었다고 말하지 않는다. 또한 그녀가 헌신적인 사회 활동의 공로를 인정받아 상패를 받았다고 말하지 않는다. 하지만 우리가 잘 알듯이, 그녀는 기독교 음악과 기독교 신학의 분야에서 탁월한 업적을 남긴 찰스 웨슬리와 존 웨슬리의 어머니이다. 그녀는 자녀들을 양육하는 사명을 아주 잘 감당했다. 그녀가 생활에서 보인 모범으로 그녀의 이름이 하나님의 명예 전당에서 영원히 빛나고 있을 것이다.

그러므로 당신이 귀감으로 삼을 만한 인물을 찾아라. 자신의 성공과 인기만을 추구해 동분서주하는 가식적인 여자를 본받지 말라. 오히려 아브라함에게 사랑과 순종을 보인 고귀한 여인, 사라를 본받아라. 또 수잔나 웨슬리, 플로렌스 나이팅게일, 클라라 바튼(Clara Barton, 1821~1912. 미국의 선구적 교사, 간호사 및 인도주의자) 또는 메리 풀러(Mary Fuller, 1888~1973. 미국의 연극배우 겸 무성영화 배우)와 같은 여성을 본받아라.

이처럼 훌륭한 모범을 보인 여성들이 많은데, 그리스도인 여성들은 그들을 본받는 문제를 진지하게 생각해야 한다. 하나님의 심판은 장차 모든 자의 믿음과 노력과 그 결과를 밝히 드러낼 것이다.

이제까지 내가 이 이야기를 한 것은 그리스도인 여성들에게 조언을 하기 위한 것일 뿐 아니라, 위대한 하나님의 사람 베드로가 이미 오래 전에 남긴 여성을 위한 교훈을 당신에게 상기시키기 위함이다. 언제까지나 지속되는 내면의 아름다움이 진정한 장식이다. 이것은 마음속 깊은 곳에서 은은히 빛을 발하는 아름다움으로서 돈으로 살 수 있는 온갖 보석들보다 더 아름다운 빛을 발한다.

오, 하나님이시여! 남편들과 아내들을 도우소서. 기혼자든 미혼자이든, 사회와 가정에서 어떤 지위를 갖고 있든 우리 모두를 도우소서. 그리하시면 우리가 하나님의 뜻을 행하여 면류관을 얻을 것입니다.

마음의 허리를 동이고
주께서 주실 은혜를 끝까지 바라보라

우리는 소망을 가지고 미래를 바라본다.
다른 사람들의 마음이 전부 풀어져서 영적으로 제구실을 하지 못할 때,
우리는 우리 주 예수 그리스도를 의지하여 마음의 허리를 동일 수 있다.

"그러므로 너희 마음의 허리를 동이고 근신하여 예수 그리스도의 나타나실 때에 너희에게 가져올 은혜를 온전히 바랄지어다"(벧전 1:13).

당신은 "그리스도인의 신앙과 인격을 생활에서 드러내려고 할 때 이성(理性)이 중요한 역할을 한다"라고 말하고 싶지만 왠지 이성을 높이는 것 같아서 망설여지는가? 걱정하지 말라. 사도들도 그런 식으로 말했다! 베드로를 비롯한 신약성경의 사도들은 그리스도인들에게 그들의 인간적 상황에 관계없이 언제나 지극히 높은 수준의 영성(靈性)을 보이라고 간곡히 권했다.

그렇다면 왜 베드로는 하나님의 자녀들이 "마음의 허리를 동

이고 근신하여" 날마다 예배하고 복음을 증거해야 한다는 충고를 덧붙였는가? 베드로가 이렇게 말한 것은 신자들의 인간적 감정이 통제의 범위를 벗어나서는 안 된다고 경고하기 위해서이다. 그가 권장하는 영성은 성령충만한 영성이요, 우리가 그리스도 안에서 행하는 영성이요, 이성이라고 불리는 파수꾼의 무력(武力)에 의해 저급하게 되는 일이 없는 영성이다.

예언하는 사람의 영(靈)은 언제나 예언자에게 지배를 받는다. 하나님의 영이 우리의 마음에 임할 경우에 하나님은 우리를 바보로 만들지 않으신다. 하나님은 우리가 행복하기를 원하시지, 분별력 없는 멍청이로 살기를 원하지 않으신다. 하나님은 우리가 세상의 슬픈 일에 대해 슬퍼하도록 하시지만, 우리를 우울한 허무주의자로 만들지는 않으신다. 하나님은 우리의 마음을 뜨겁게 하시고 우리의 마음을 활짝 여시지만, 우리가 나중에 후회하면서 부끄러워할 만한 일을 하게 놔두지는 않으신다.

비석 같은 교회

반면 "마음의 허리를 동이고 근신하라"라는 베드로의 말은 교회 안에 차갑고 형식적이고 활력 없는 영성을 조장하기 위한 말이 아니다. 또 장차 교회에 그런 영성이 만연할 것이라고 예언하기 위한 말도 아니다.

그는 초대교회 신자들에게 "형제들이여, 우리의 신앙에 대해 진지하게 생각해야 할 때가 있다면 그것은 바로 지금이다! 우리는 근신하는 사람, 즉 정신이 건강한 사람이 되어야 하고, 또 신령한 사람이 되어야 한다"라고 말한다. 이 말은 베드로 사도가 현재 우리에게 하는 말이기도 하다.

그렇다고 해서 교회가 무덤의 비석처럼 되어서는 안 된다. 이 세상에서 가장 근신을 잘하는 것은 아마도 비석일 것이다. 비석은 장구한 세월 동안 꿈쩍도 않고 그 자리에 있다. 춥거나 덥거나 비가 오거나 눈이 오거나 바람이 불거나 항상 그 자리에 있다. 전쟁의 때나 평화의 때나 움직이지 않는다. 역사가 어떻게 흐르든 상관없이 요지부동이다.

비석은 언제나 제자리를 지키면서 그 앞을 지나가는 사람들에게 "1861년에 태어나 1932년에 죽은 존 M. 존즈라는 사람이 여기에 누워 있다"라고 알려준다. 비석의 입에서 나오는 이야기와 증거는 이처럼 늘 똑같다!

우리 주위에도 이런 비석 같은 교회들이 있다. 이런 교회들은 '근신하고 질서 정연하고 차분한 교회'라는 소리를 듣기 위해 언제나 비석처럼 요지부동한다. 그러나 베드로는 우리에게 이런 교회들처럼 되라고 권면하지 않는다! 우리의 교회가 이런 교회들처럼 되어서는 안 된다! 베드로가 이렇게 경계의 말로 그리스도인들에게 권면한 데는 그만한 이유가 있으며, 성령께서는 베드로의 권면의 말을 기록을 통해 우리에게 전하신다. 여기서 우리는 성경의 방법을 볼 수 있다.

하나님께서 창조하신 다른 모든 것들과 마찬가지로 성경도 그 안에 나름대로의 방법을 갖고 있다. 나는 베드로전서 1장 13절이 "그러므로"라는 연결어로 시작된다는 사실에서 하나님의 방법을 발견했다. 우리는 이 연결어를 통해 이루어져야 할 어떤 일을 되돌아볼 수 있다.

성경의 방법은 진리의 기초를 튼튼히 놓는 것인데, 선포된 하나님의 말씀이 이 기초가 된다. 대개의 경우, 하나님께서 이루고 계신 일이나 이미 이루신 일 또는 이 두 가지 모두에 대한 분명한 선포가 이런 기초이다.

이런 기초가 놓인 후에 성령께서는 계시된 진리가 도덕적 행동을 요구한다는 것을 신자들에게 깨닫게 하신다. 바로 이 점에서 나는 오늘날의 일부 교회 지도자들과 견해를 달리한다. 나는 깊이 생각한 후에 한 가지 결론을 내렸다. 현재 교회들은 진리의 기초를 놓는 데는 적극적이지만 그 진리를 적용하여 도덕적 삶을 사는 데는 매우 취약한데, 이것이 우리의 최대 약점이다.

진리의 적용

복음전도자 찰스 피니는 "도덕적 적용 없이 성경을 가르치는 것은 죄악이다"라고 단호히 말했다. 그는 "성경강좌를 듣고 성경의 내용을 더 많이 안다 할지라도 그것을 삶에서 실천하지 않는다면 성경공부가 무슨 소용이 있겠는가?"라고 말했다.

성경강좌를 진행하는 사람이 어떤 것을 강조한다고 할 때, 그의 강조가 올바른 것일 수도 있고 잘못된 것일 수도 있다. 내가 확신하건대, 일부 성경강좌들은 사람들의 신앙적 편견을 더욱 심화시키는 결과를 낳을 뿐이다.

성경의 내용을 삶에 적용할 때 비로소 우리는 성경의 방법에 따르는 것이다! "하나님께서 이렇게 행하셨다. 그러므로 나도 이렇게 행하겠다"라고 말하는 것이 성경의 방법이다.

성경은 경건을 위한 구체적인 권면을 제시하는 책이다. 자신의 머리를 성경 지식으로 가득 채우겠다는 목표로 성경을 연구하는 것은 하나님의 뜻이 아니다.

성경은 언제나 진리를 제시한 후 그것의 도덕적 적용을 요구한다. "이것이 진리라면 당신이 이 진리에 따라 살아야 하지 않겠는가?"라고 성경은 말한다. 이것이 영적 진리의 도덕적 적용이다.

마음의 허리를 동이라

다시 베드로의 말로 돌아가자. 그는 하나님께서 이루신 은혜로운 일에 대해 이렇게 말한다.

"찬송하리로다 우리 주 예수 그리스도의 아버지 하나님이 그 많으신 긍휼대로 예수 그리스도의 죽은 자 가운데서 부활하심으로 말미암아 우리를 거듭나게 하사 산 소망이 있게 하시며 썩지 않고 더럽지 않고 쇠하지 아니하는 기업을 잇게 하시나니 곧 너희를 위하여 하늘에 간직하신 것이라"(벧전 1:3,4).

이렇게 말한 베드로는 계속 말을 잇는다.

"그러므로 너희 마음의 허리를 동이고 근신하여 예수 그리스도의 나타나실 때에 너희에게 가져올 은혜를 온전히 바랄지어다"(벧전 1:13).

"허리를 동이고"라는 것은 성경에 나오는 한 가지 비유적인 표현이다. 베드로는 이것에 대해 따로 설명할 필요가 없었다. 왜냐하면 그가 이 표현을 통해 말하고자 하는 것을 누구나 알고 있었기 때문이다. 이것은 사람들이 옷을 입는 것과 비슷한 것이었다.

베드로의 시대에 사람들은 일종의 튜닉(tunic, 고대 그리스와 로마 사람들이 입었던 길고 헐렁한 겉옷)을 입었는데, 이것은 요즘 우리가 볼 수 있는 '옷자락이 길고 헐렁한 여성용 가운'처럼 생긴

옷이다. 대개 이런 옷은 한가운데에 구멍을 뚫어놓은 담요같이 생겼는데, 이 구멍으로 머리를 집어넣어 입으면 된다.

양쪽 어깨부터 아래로 축 늘어진 이 옷은 일을 하거나 걸을 때 아주 불편한 옷이었다. 이런 불편을 줄이기 위해 당시 가난한 사람들은 말린 가죽을 벨트로 만들어 그것으로 허리를 동여맸다. 이렇게 허리를 동이면 옷이 몸에 착 달라붙었기 때문에 뛰거나 걷거나 여행하거나 산을 오르거나 일을 할 때, 손과 발을 자유롭게 움직일 수 있었다.

당신도 기억하겠지만, 이와 관련된 좋은 예가 신약성경에 나온다. 세례 요한이 사역을 시작할 때 그는 활동하기에 불편한 약대 털옷을 입었다. 그는 활동을 많이 했지만 가난했다. 성경은 그가 허리에 가죽띠를 띠었다고 말한다.

부자들은 직물로 짠 고급 허리띠를 사용했지만, 그들의 허리띠도 가난한 사람들처럼 일상생활에서 걷거나 활동할 때 손과 발을 자유롭게 움직이도록 하기 위한 물건이었다.

베드로는 그리스도인들에게 그들의 마음의 허리를 동이라고 가르친다. 누구나 인정하겠지만, 우리의 마음은 우리의 내적 삶의 일부이다.

우선 "마음의 허리를 동이고"라는 교훈을 깊이 이해하기 위해 이 교훈을 자연인(自然人)과 연관 지어 살펴보자. 자연인은 회심하지 않은 사람, 즉 아담과 하와의 자녀를 의미한다. 일반적으로 말해서, 이 땅에서 태어나 살아가는 자연인의 내적인 삶은 지위와 신분과 교육 수준과 재산의 유무를 떠나 무관심하고 부주의하고 무질서하다.

회심자가 제일 먼저 해야 할 일

보통 사람들은 일반적으로 널리 퍼진 생활 방식에 따라서 사는데, 그것은 그들이 그런 삶이 전부라고 생각하기 때문이 아니라 그런 삶에 대해 깊이 생각하지 않기 때문이다. 다시 말해서, 그들이 자신의 삶의 방식에 대해 성찰하지 않기 때문이다.

어떤 사람이 죄인이라 할지라도 만일 그가 진지하게 생각해본다면, 일반적으로 널리 퍼진 생활 방식에 반기(反旗)를 들 것이다. 역사를 연구해보면, 회심하지 않은 사람들 가운데도 그들의 시대에 널리 퍼진 일반적 삶의 방식에 반기를 들었던 사람들이 나름대로 많이 있다. 나는 이런 사람들이 보여준 독립심에 찬사를 보낸다. 왜냐하면 주변 사람들이 다 받아들이는 것을 받아들이지 않으려면 그만큼 철저히 독립적으로 사고해야 하기 때문이다. 사실 이런 사고는 보통 사람들에게서 찾아보기 힘든 것이다.

보통 사람들은 오직 자잘한 일들에 대해서만 생각한다. 예를 들면 '월드 시리즈에서 어느 팀이 우승할 것인가?' 혹은 '이번 거래에서 이윤을 얼마나 남길 것인가?' 같은 것들만 생각한다. 이런 이들에게 내적이고 근원적인 것을 생각할 시간이 있겠는가? 그들은 인격이나 내적 삶과 관련된 것들을 생각하지 않는다. 단지 일상생활의 소소한 문제들에만 정신이 팔려 있다. 이런 사람들이 내가 말하는 죄인들이다.

죄인들은 부주의하고 무질서하고 무관심하다. 그들의 허리를 동여야 할 경우를 빼고 말이다! 그들이 수학, 과학, 사업 또는 정치 같은 특정 분야의 전문가들일 수 있다. 이런 분야들에서 그들은 먹고 살기 위해 깊이 생각해야 한다. 그러나 그들의 사고(思考)가 도덕적 영역까지 도달하지 못한다. 그들은 내적 삶이나 자신의 행위에 대해 사고하지 않는다.

대부분의 사람들은 자기의 전문 분야에서는 깊이 생각하고 철저히 노력하지만, 내적 삶의 허리를 동이지 않는다. 그들의 내적 삶은 누더기 같고 나사가 풀린 것 같다. 그들은 깊이 생각하여 진실을 인식한 다음 그것을 자신의 상황과 가치관과 인격에 적용하여 실천하는 법을 배우지 못한다.

베드로는 회심한 사람들, 즉 거듭난 사람들이 마음의 허리를 동여야 한다고 강조한다. 마음의 허리를 동이는 것이 회심한 사람이 제일 먼저 해야 할 일이라고 우리가 해석할 수 있을까?

그럴 수 있다! 나는 그렇게 해석한다 할지라도 베드로의 뜻을 왜곡하는 것이 결코 아니라고 생각한다.

그렇다! 회심한 사람이 제일 먼저 해야 할 일은 마음의 허리를 동이고 영원한 가치에 대해 민감해지는 것이다.

영적 잠재력을 깨우라

구약성경에서 "허리를 동인다"라는 말에는 두 가지 의미가 담겨 있다. 첫째는 '방해 받지 않고 힘써 일할 수 있도록 준비한다'라는 의미이고, 둘째는 '갑자기 여행을 떠나게 되어도 당황하지 않고 기꺼이 떠날 수 있도록 준비한다'라는 의미이다. 베드로와 바울은 신약시대의 그리스도인들에게 편지를 쓰면서 "허리를 동인다"라는 표현을 사용하는데, 이것은 영적 준비에 소홀함이 없도록 그들을 가르치기 위함이었다.

예수 그리스도께 굴복하고 그분을 따르기 시작할 때 비로소 우리는 생각 없이 되는 대로 하루하루를 살아가고 있는 자신의 삶에 대해 문제의식을 갖게 된다. 다시 말해서, 우리가 살아온 방식에 대해 근심하기 시작한다. 그리고 앞으로 그리스도인으로서 살아갈 때 목적 없이 무익하고 부주의하게 계속 살 것 같아서 죄의식을 느낀다. 내가 이해하기 가장 힘든 일들 중 하나는 그토록 많은 그리스도인들이 목적 없이 살고 있다는 사실이다. 나는 이 사실을 나 자신에게 설명하려고 무척 노력하지만 잘 안 된다.

많은 그리스도인들이 어떤 목표에 도달하려고 애쓰지 않는다. 그러므로 어쩌다가 그런 목표에 도달할지라도 그들은 자기가 거기에 이르렀다는 것을 알지 못한다! 대부분의 경우 그들은 되는 대로 살아간다. 마음의 허리를 동이지 않고 살아간다! 이런 현실에서 제일 속상한 것은 그들에게 놀라운 재능과 은사와 능력이 있음에도 불구하고 그들이 마음의 허리를 동이지 않는다는 사실이다. 만일 마음의 허리를 동이고 영적 잠재력을 발전시키면 영적 삶에서 큰 발전이 있을 텐데 말이다!

왜 목회자가 해마다 실패를 고백해야 하는가? 왜 목회자가 이 교회 저 교회를 다니면서 이것저것을 시도해보지만 결국 실패를 자인(自認)하고 말아야 하는가? 나는 그 목회자가 마음의 허리를 동이지 않았기 때문이라고 생각한다. 그에게 재능이 있지만 그것을 훈련하지 않았기 때문이다. 그에게 선한 마음이 있지만 그 마음의 허리를 동이지 않았기 때문이다.

그런 목회자는 지극히 귀한 스트라디바리우스 바이올린(17세기부터 18세기에 걸쳐 이탈리아의 바이올린 제작자 스트라디바리 일가가 제작한 명품 바이올린)을 가지고 있지만 그것을 조율하지 않은 사람과 같다. 그는 차분히 앉아 이토록 귀한 악기를 조율하는 시간을 갖지 않기 때문에 아름다운 멜로디와 화음을 낼 수 없다.

머리를 사용하라

우리는 그리스도인으로서 별생각 없이 되는 대로 사는 것에 대해 깊이 반성해야 한다. 앞으로 20년 후에 사람들은 그리스도인으로서 우리의 삶과 성숙함과 영적 성장과 진보를 어떻게 평가할 것인가? "저 사람은 조금 더 뚱뚱해지고 머리가 벗겨진 것 빼고는 변한 게 없어. 영적 삶이 조금도 발전하지 않은 것 같아. 마음의 허리를 동이는 훈련을 하지 않은 것이 분명해!"라고 평가하지 않을까?

확신하건대, 베드로는 진지한 그리스도인이 느슨하고 부주의하고 목적 없는 삶을 거부해야 한다고 가르친다. 많은 그리스도인들이 느슨하고 부주의하고 목적 없는 삶에 대해 반성하기를 거부하는데, 그것은 그런 반성을 통해 자신들의 도덕적 및 영적 생활에 대해 문제를 제기해야 하기 때문이다. 베드로는 바로 이런 그리스도인들에게 일침을 가하는 것이다!

나는 지금 내 주변에서 보고 들은 그리스도인들을 말하고 있다. 이런 사람들은 잠깐 동안은 자신을 성찰하는 척하지만 그것은 어디까지나 자기의 양심을 편하게 하려는 시도일 뿐이다.

짧은 성찰 후에 그들은 다시 평소의 목적 없는 삶으로 되돌아간다. 영적인 일에서 그들은 파도에 밀려 떠다니는 코르크 마개 같고, 상황에 따라 이리저리 움직이는 꼭두각시 같다. 그들은 항구를 향해 물살을 헤쳐나가는 배처럼 하나님을 위해 곧은 길을 헤쳐나가는 것이 무엇인지 모른다.

그들은 자신들의 연약함 때문에 그렇게 살 수밖에 없다는 신학적 합리화를 내세우며, 그렇게 사는 것이 죄는 아니라고 말한다. 그러나 나는 그들에게 "당신이 죄를 짓지 않지만 이기적이고 목적 없는 삶을 언제까지나 지속해서는 안 된다"라고 말하고 싶다.

사실 내 생각은 이렇다. 우리의 재능을 허비하고 시간을 되는 대로 쓰고 뚜렷한 목적 없이 동분서주하는 우리의 모습을 볼 때, 나는 '우리가 죄를 짓고 있는 것이 아닌가?'라는 생각이 든다. 우리가 무엇을 하고 어떤 존재가 되어야 하는지를 알지만, 우리의 실패에 대해 변명하느라 바쁘기 때문이다.

구약성경의 잠언은 문짝이 돌쩌귀를 따라 도는 것같이 게으른 자가 침상에서 뒹굴뒹굴할 때 그의 밭에서는 잡초가 곡식이 자라는 것을 방해한다고 경고한다. 이런 자는 추수 때가 되어도 거둘 것이 없기 때문에 결국 구걸하는 신세로 전락하고 만다. 밭에서 일해야 할 시간에 침상에 누워 있는 것이 큰 죄는 아니다. 하지만 작심하고 게으름을 피우는 자는 분명히 죄를 짓는 것이다.

내가 볼 때, 이런 논리는 지적인 부분에도 적용된다. 머리를 사용해야 할 때, 그렇게 하지 않는 사람은 죄를 짓는 것이다. 하나님께서 우리에게 생각하고 추론하고 사색할 수 있는 능력을 주신 것에는 그만한 이유가 있기 때문이다. 다시 말해서, 그런 능력을 사용하라고 주신 것이다. 그럼에도 불구하고 많은 사람들이 자신의 머리를 사용하기를 거부하는데, 그들 가운데는 그리스도인들도 포함되어 있다.

많은 설교자들은 교인들에게 지적 능력을 사용하라고 도전하고 싶어 하지만, 일부 사람들은 교인들에게 그런 설교를 하면 안 된다고 주장한다. 이런 잘못된 주장을 하는 사람들에게 나는 "사람들의 머리는 무엇을 위해 존재하는가? 전능하신 하나님께서 지적 능력을 주셨으므로 그들이 그것을 사용하는 것은 당연하다"라고 말하고 싶다.

로렌스 형제의 조언

설교자로서 나는 이렇게 말하고 싶다. 즉, 내가 가르치고 설명하는 하나님의 진리 가운데 그 어떤 것도 내 교인들의 이해력을 초월하는 것은 없다고 말이다. 물론 그들이 내 설교의 내

용에 대해 깊이 생각하지 않으면 내 설교는 그들의 뇌리를 스치고 영원히 사라질 것이다. 그러나 나는 너무 어려워서 그들이 이해할 수 없는 것은 설교하지 않는다.

우리는 머리를 사용하기 시작해야 한다. 사랑하는 자여! 당신의 머리에서 녹을 벗겨내고 그것에 기름을 발라 사용하기 시작하라. 이것이 당신을 향한 하나님의 뜻이다. 하나님은 당신이 하나님의 진리를 깨닫고 이해하기를 원하신다. 왜냐하면 하나님의 진리가 당신에게 매일 필요하기 때문이다.

나는 경건한 신앙인인 니콜라스 헤르만(Nicholas Herman, 1614~1691. 파리의 갈멜회의 평수사로 가입하여 식당 일을 하였으며, '하나님과 동행하는 사람'이라는 평을 받았다)의 책, 「하나님 임재 연습」을 열심히 읽어보았다. 우리에게 '로렌스 형제(Brother Lawrence)'로 더 잘 알려진 그는 그리스도인들이 하나님에 대한 높고 고상한 생각을 통해 그들의 마음에 영양분을 공급해야 한다고 권면한다. 그의 권면을 따르려고 할 때 문제가 되는 것이 있는데, 그것은 '우리의 마음과 생각이 날마다 무엇을 중심으로 돌아가는가?'라는 것이다. 최신 유행의 옷, TV 드라마, 미심쩍은 이야기들, 이런 것들을 중심으로 우리의 생각이 돌아간다면 하나님에 대한 고상한 생각으로 우리의 마음에 영양분을 공급하는 일은 불가능할 것이다.

우리를 잘 알고 계신 성령께서는 우리에게 마음의 허리를 동이고, 우리의 영적 수준을 끌어올리고, 흐트러진 우리의 말과 생각과 행동과 관심을 추스르라고 강력하게 권하신다. 올바른 사고의 훈련을 하라고 권면한 베드로는 다시 "근신하라"라는 권면을 덧붙인다. 그러므로 이제 "근신하라"라는 그의 권면에 어떤 뜻이 담겨 있는지를 살펴보자.

"근신"이라는 것은 '이성(理性)이 차분하게 지배하는 마음의 상태'라고 할 수 있다. 또한 '마음의 균형이 깨지지 않고 차분하며 감정이 이성에 종속된 상태'라고 말할 수 있다. 이런 관점에서 볼 때, 나는 성령께서 이성을 무시하거나 무력화하는 영적 체험을 신자들에게 강요하는 분이 아니시라고 확신한다.

우리가 잘 알듯이, 일부 사람들은 비이성적(非理性的)이고 보기에 민망한 행동을 한 후 자기들이 성령의 감동으로 그렇게 했다고 변명한다. 솔직히 말해서 나는 그런 사람들에게 의심의 눈초리를 보내지 않을 수 없다. 성령께서는 사람들에게 이성을 무력화하는 감동을 주시지 않는다.

내 개인적인 체험에 대해 말하자면, 하나님을 가장 분명히 본 고상한 체험의 순간에 나는 매우 차분했고 평안했다. 그래서 나는 그 체험에 대해 말이나 글로 묘사할 수 있고 심지어 그것을 분석할 수 있을 정도이다.

성령님의 통제를 받으라

하나님의 사랑을 받아 따스해지고 빛을 발하는 인간의 이성은 언제나 통제력을 잃지 않아야 한다. 이것과 완전히 반대되는 것을 생각해보자. 예를 들면, 술 취한 것 말이다. 술집 앞을 지나가다 보면, 술에 취해 비틀거리며 술집을 나오는 사람들을 볼 수 있다. 이런 사람들은 이성이 마비되고 판단력이 흐려진 상태에까지 이른 것이다.

오래 전에 누군가 술을 가리켜 '액체로 된 저주'라고 불렀다. 그 사람은 "입을 벌려 술을 단숨에 들이켜는 사람의 뇌는 마비된다"라고 했다. 술에 취하면 감정이 통제의 범위를 완전히 벗어나게 된다. 감정이 통제의 범위를 벗어난 사람에게서 제일 먼저 나타나는 현상은 즐거워지고 말이 많아진다는 것이다. 이런 사람은 심지어 1시간 전만 해도 전혀 모르던 사람에게까지 다정하게 대한다.

술 취한 사람은 또 슬퍼지기도 한다. 감정이 통제의 범위를 벗어난 사람은 술집 종업원이나 자신의 말에 귀를 기울여주는 사람에게 "내 아내는 나를 이해해주지 않고 내 자식들은 내 공로를 몰라줍니다"라고 털어놓는다.

이런 것들이 우리 시대를 살아가는 사려 깊지 못하고 연약하고 부주의한 많은 사람들이 술 때문에 행하는 것들이다. 그들은 술 때문에 감정과 판단력을 통제 불능의 상태에 빠뜨린다. 다음 날 아침이 되면 그들은 전날 밤 자신의 행동에 대해 당혹감을 느끼고 부끄러워하고 미안해한다. 그렇지만 그들은 마음의 허리를 동이겠다고 결심하지 않기 때문에 자기들의 연약한 모습을 종종 드러낸다.

성령의 인도와 도움에 의지하여 우리의 정신적 능력을 지혜롭고 건전하게 사용하라고 권면하는 사람이 베드로만은 아니다. 사도 바울도 그렇게 권한다. 그는 에베소 교인들에게 주님의 뜻을 지혜롭게 분별하라고 가르치면서 이렇게 편지를 썼다.

"술 취하지 말라 이는 방탕한 것이니 오직 성령의 충만을 받으라 시와 찬미와 신령한 노래들로 서로 화답하며 너희의 마음으로 주께 노래하며 찬송하며 범사에 우리 주 예수 그리스도의 이름으로 항상 아버지 하나님께 감사하며"(엡 5:18-20).

베드로와 바울이 우리에게 권면하는 것이 무엇인가? 그것은 성령의 거룩한 열매를 맺어 성령께서 우리의 감정을 온전히 통제하시고, 우리의 예배를 온전히 받으시는 것이다.

사랑하는 자여! 성령께서는 하나님의 자녀들이 후하게 베푸는 사람들이 되도록 하시지만, 그렇다고 해서 그들을 바보로 만들지 않으신다. 하나님은 그들을 행복하게 하시지만, 그렇다고 해서 그들을 멍청이로 만들지 않으신다. 하나님이 그들의 내적 생명을 뜨겁게 하시는 것은 사실이지만, 그렇다고 해서 그들이 나중에 고개를 숙이며 부끄러워할 만한 일을 하도록 만들지 않으신다.

깨어 근신하라

자신의 감정을 성령의 지배 아래 둔 사람은 지속적인 기쁨을 맛본다. 나는 이런 기쁨에 대해 하나님께 감사한다. 이성이 거룩하게 된 하나님의 귀한 자녀들이 있는가? 그런 사람들이 있다면 나는 그들의 편에 서고 싶다. 최근에 사람들에게 막강한 영향을 끼치는 종교적 풍조나 교계에서 선풍적 인기를 얻고 있는 인물에게 끌려다니지 않고, 하나님의 말씀에 깊이 뿌리를 내린 하나님의 귀한 자녀들이 있는가? 그런 사람들이 있다면 나는 그들의 편에 서고 싶다.

하나님의 자녀들은 이 땅의 어떤 것들에 대한 두려움이나 감정이나 사랑에 밀려 표류하지 않는다. 그들은 하늘의 별을 보고 항해한다!

이런 이야기가 있다. 항해 중인 배에서 어떤 간부 선원이 한 젊은 선원에게 배의 키를 잡게 하면서 이렇게 말했다.

"저 밝은 별이 보이는가? 저 밝은 별과 이 배의 좌현 이물 사이에 약간의 간격을 유지하면서 계속 항해하면 항로를 이탈하지 않게 된다네."

이렇게 말한 간부 선원이 자리를 떴다가 얼마 후 다시 돌아와 보니 배가 항로를 많이 이탈해 있었다.

그는 젊은 선원에게 "왜 그대는 내가 말한 그 별을 기준으로 삼아 항해하지 않았는가?"라고 물었다.

그러자 젊은 선원은 "아, 이미 몇 킬로미터 전에 그 별을 놓쳐버렸습니다"라고 대답했다.

아! 안타깝게도 오늘날 하나님의 사람들 가운데 일부가 별을 놓쳐버린 이 젊은 선원과 같다! 하나님의 은혜에 의지하여 하나님의 별을 기준으로 삼아 앞으로 항해해야 함에도 불구하고 그들은 마음이 해이해져서 하나님의 별을 놓쳐버린다.

우리가 남들만큼 인기와 박수갈채를 누리지 못하는 것이 사실이다. 우리가 많은 청중을 앞에 놓고 설교하는 것이 아닌 것도 사실이다. 우리에게 돈이 남아도는 것도 아니다. 하지만 우리는 소망을 가지고 미래를 바라본다. 다른 사람들의 마음이 전부 풀어져서 영적으로 제구실을 하지 못할 때, 우리는 우리 주 예수 그리스도를 의지하여 마음의 허리를 동일 수 있다. 이것이 장래에는 결국 다 밝혀질 것이다. 그때 우리가 얼마나 큰 위로를 얻겠는가!

우리는 백일몽을 꾸는 그리스도인 몽상가들이 아니다. 우리는 자신이 누구인지, 누구에게 속했는지, 어디로 가고 있는지를 안다. 우리는 소망과 기대 가운데 앞을 보고 걸어간다. 우리는 바울이 데살로니가교회에게 보낸 편지에서 묘사한 '깨어 근신하는 사람들'에 속한다. 그는 이렇게 썼다.

"그러므로 우리는 다른 이들과 같이 자지 말고 오직 깨어 근신할지라 자는 자들은 밤에 자고 취하는 자들은 밤에 취하되 우리는 낮에 속하였으니 근신하여 믿음과 사랑의 흉배를 붙이고 구원의 소망의 투구를 쓰자 하나님이 우리를 세우심은 노하심에 이르게 하심이 아니요 오직 우리 주 예수 그리스도로 말미암아 구원을 얻게 하신 것이라"(살전 5:6-9).

아멘! 우리는 소망을 가지고 미래를 바라본다. 성령을 통해 우리에게 장래의 소망을 약속하신 하나님께서 거짓말을 하실 수 없다.

참된 그리스도인은
고난 중에 오히려 기뻐한다

순종하는 그리스도인은 큰 중압감과 시련과 고난 속에서도 크게 기뻐할 수 있다.
하나님의 백성은 지금 이 땅의 일들이 결코 이상적인 것이 아님을 잘 알지만,
그렇다고 해서 이런 현실에 대해 근심하고 걱정하며 세월을 보내지는 않는다.

"그러므로 너희가 이제 여러 가지 시험을 인하여 잠깐 근심하게 되지
않을 수 없었으나 오히려 크게 기뻐하도다"(벧전 1:6).

언제나 내가 불쌍히 여기는 마음으로 바라보는 그리스도인
들이 있다. 그들은 바로 매사를 비관적으로 생각한다. 인생의
어둡고 우울한 면을 찾는 데 아주 능한 그들이 문제에 직면할
때 할 수 있는 것은 오로지 불평하는 것뿐이다.

나는 종종 이런 사람들을 만나게 되는데 그들을 만날 때마다
'이 사람들이 읽고 있는 성경이 내가 이제까지 읽은 성경과 같
은 성경인가?'라는 의문에 사로잡힌다.

베드로는 시험과 고난을 당하고 박해를 받는 그의 시대의 그리스도인들에게 편지를 썼다. 이 편지에서 그는 그들이 그들의 시련보다 더 큰 하나님의 약속과 계획을 의지할 수 있기 때문에 마땅히 기뻐해야 한다고 강조한다. 그들은 이 땅의 어떤 현재적 상황보다 훨씬 더 좋은 장래의 것들을 고대했다.

두 부류의 사람들

어느 교회를 가든지 거기에는 두 가지 잘못된 방향 중 한 방향으로 달음질하는 사람들이 반드시 있다.

첫 번째 부류는 이 세상에 별 미련 없이 내세에 초점을 맞추고 사는 사람들이다. 그들은 "자, 앞으로 베풀어질 큰 잔치를 기대하며 살자!"라는 영적 호소에 힘을 얻고 그럭저럭 살아간다.

영적인 것들에서 그들은 어머니께 "조니, 버터 바른 빵 한 조각이 있으니 그것으로 허기를 달래며 기다려라. 저녁이 제대로 준비되려면 아직도 한 시간은 더 기다려야 한다"라는 말을 듣는 소년과 같다. 조니는 돌덩어리도 먹어치울 정도로 배가 고프지만 식사가 준비될 때까지는 주린 배를 움켜쥐고 참아야 한다.

어떤 그리스도인들은 빵 한 조각도 없어서 빵 부스러기로 허기를 달래며 버티는 것처럼 살아간다. 그러면서 장차 베풀어질 큰 잔치를 기대하며 그것에 온통 정신을 쏟는다.

그러나 이런 부류와 정반대되는 사람들이 있다. 이 두 번째 부류의 사람들은 내세에 대해서는 거의 생각하지 않고 오직 '즐겁고 편한 현재'에 온통 정신을 쏟는 잘못을 범한다. 이런 현상을 보면서 우리는 "그렇다면 어느 쪽을 강조하는 것이 옳은가?"라고 물을 수 있다.

우리는 하나님께서 강조하시는 것을 따라야 한다. 우리는 현재 가질 수 있는 것들이 있고, 또 현재 가질 수 없는 것들이 있다는 것을 받아들여야 한다.

주님은 하나님의 사람들이 성경을 성실하게 철저히 연구하여 하나님의 뜻을 바로 깨닫기를 원하신다. 하나님의 뜻을 바로 아는 사람은 현재 자신에게 약속된 것을 포기하는 죄를 범하지 않으며, 또 훗날 자신에게 주어질 것을 지금 달라고 조르는 죄도 범하지 않는다. 이것을 염두에 두고 성경을 연구하는 그리스도인은 불필요한 긴장과 중압감과 오해에서 벗어날 것이다.

절대적 완전함은 하나님께서 지금 우리에게 허락하신 것이 아니다. 완전함은 현재 우리에게 상대적인 것인데, 하나님께서 우리를 위해 완성하신 것은 하나도 없다. 아직 없다!

절대적 완전함은 장차 "하나님의 아들들"(롬 8:19)이 나타날 때 가능할 것이다. 우리가 하나님의 아들을 보고 우리가 성장한 아들들이 될 때 비로소 완전함이 우리에게 허락될 것이다. 박해와 고난 중에 있던 베드로 시대의 그리스도인들은 자신들이 알고 있는 것보다 비교할 수 없을 정도로 좋은 것을 기다리고 있었다. 우리가 바라는 장래의 것은 완전한 것이다.

놀라운 변화

오, 그 완전함이 우리에게 주어질 때 일어날 변화를 생각해보라! 그때가 되면 이 땅과 우리 주변의 모든 자연이 하나님의 완전함의 복된 것들을 드러낼 것이다.

로마서에서 사도 바울은 우리에게 자연의 영역이 장차 어떻게 변할 것인지를 말한다.

"생각건대 현재의 고난은 장차 우리에게 나타날 영광과 족히 비교할 수 없도다 피조물의 고대하는 바는 하나님의 아들들의 나타나는 것이니 피조물이 허무한 데 굴복하는 것은 자기 뜻이 아니요 오직 굴복케 하시는 이로 말미암음이라 그 바라는 것은 피조물도 썩어짐의 종노릇한 데서 해방되어 하나님의 자녀들의 영광의 자유에 이르는 것이니라 피조물이 다 이제까지 함께 탄식하며 함께 고통하는 것을 우리가 아나니 이뿐 아니라 또한 우리 곧 성령의 처음 익은 열매를 받은 우리까지도 속으로 탄식하여 양자 될 것 곧 우리 몸의 구속(救贖)을 기다리느니라"(롬 8:18-23).

바울이 우리에게 분명히 밝히는 것은 이것이다. 즉, 인류는 이 땅과 깊이 연관되어 있기 때문에 주께서 승리의 주님으로서 인류를 영화롭게 하기 위해 오실 때 이 땅과 자연도 영화롭게 하신다는 것이다. 바울에 따르면, 이 땅과 자연이 과거에는 아담의 자손이었으나 이제는 왕의 자녀들과 함께 영화롭게 된다고 한다.

우리가 알고 있는 이 옛 땅은 아담의 아들들이 허무한 데 굴복할 때 그들과 함께 무너졌다. 홍수, 태풍, 지진, 토네이도, 해일 등은 모두 허무한 데 굴복한 자연의 왜곡된 상태에서 비롯되는 것이다. 질병, 정신이상 그리고 우리의 육신에서 발견되는 온갖 종류의 연약함은 이런 파멸된 상태에서 비롯된다. 왜냐하면 우리는 여전히 이 땅과 자연의 일부이기 때문이다.

인간과 인간의 거처인 이 땅은 서로 밀접하게 연관되어 있기 때문에 하나님께서는 인류를 구속(救贖)하심으로써 이 땅 또한 구속하실 것이다. 하나님이 구속받은 사람들을 영화롭게 하기 위해 오실 때 그 영화가 이 땅에 가득하여 흘러넘칠 것이다.

이렇게 되면 그날, 곧 그 완전함의 날에 인간 세계에는 놀라운 변화가 일어날 것이다.

성경을 열심히 읽어보라. 그러면 당신은 물이 바다를 덮음같이 여호와를 아는 지식이 온 땅을 덮게 될 날이 이를 것이라는 놀라운 구절(합 2:14)을 발견할 수 있을 것이다.

비관적으로 생각하지 말라

인류가 이제까지 보지 못했던 전혀 새로운 사회가 도래할 것이다. 그 사회에는 경영진과 노동자 사이에, 지주(地主)와 소작인 사이에 분쟁이 없을 것이다. 왜냐하면 "그들의 건축한 데 타인이 거하지 아니할 것"(사 65:22)이기 때문이다.

임대료가 하늘 높은 줄 모르고 치솟는 일도 없을 것이고, 정부가 물가를 통제할 필요도 없을 것이고, 쥐들이 들끓는 셋집에서 사는 사람도 없을 것이다. 모든 것이 하나님께 속하고, 모든 사람이 자기의 땅과 집을 소유할 것이기 때문이다.

또한 노동과 수고에 대한 대가를 둘러싸고 분쟁이 없을 것이다. 한 사람이 심고 다른 사람이 거두는 일이 없고 오직 심은 사람이 거둘 것이기 때문이다. 이 모든 일을 하나님께서 주관하시어 처리하실 것이니 이는 하나님을 아는 지식이 온 땅에 충만할 것이기 때문이다.

하나님의 자녀들은 이 땅과 인간 사회를 위한 하나님의 계획을 낙관적으로 보아야 한다. 왜냐하면 성경이 하나님의 계획을 분명히 증거하기 때문이다. 우리는 사람들이 만들어낸 지구 멸망의 끔찍한 시나리오를 받아들일 수 없다. 지구가 태양 속으로 떨어져버릴 것이라느니 통제 불능의 상태에 빠진 혜성이 나타나 지구와 충돌할 것이라느니 하는 시나리오를 받아들일 수 없다는 말이다!

그리스도인으로서 하나님의 말씀을 연구한 우리는 이 땅에 구속(救贖)받은 자들이 거하고 하나님의 주권을 인정하는 변화된 사회가 도래할 것이라고 믿는다. 또한 성경은 그리스도인인 우리에게 피부에 와 닿는 예언을 하는데, 이 예언에 따르면 저 완전함과 기쁨의 큰 날이 이르면 놀라운 변화가 일어나 우리의 몸과 마음과 영혼에 영향을 준다고 한다.

사도 요한은 그리스도인들에게 이렇게 분명히 말했다.

"사랑하는 자들아 우리가 지금은 하나님의 자녀라 장래에 어떻게 될 것은 아직 나타나지 아니하였으나 그가 나타내심이 되면 우리가 그와 같을 줄을 아는 것은 그의 계신 그대로 볼 것을 인함이니"(요일 3:2).

성령의 감동을 받아 성경을 기록한 사도 바울도 저 계시와 변화의 큰 날에 하나님의 자녀들의 몸에 일어날 큰 변화를 고린도교회 성도들에게 증거하기 위해 이렇게 말문을 연다.

"누가 묻기를 죽은 자들이 어떻게 다시 살며 어떠한 몸으로 오느냐 하리니"(고전 15:35).

누군가 던질 수 있는 이런 질문에 바울은 조급하게 대답한다. 평소의 그답지 않게 말이다! 그의 대답을 들어보자.

"어리석은 자여 너의 뿌리는 씨가 죽지 않으면 살아나지 못하겠고 또 너의 뿌리는 것은 장래 형체를 뿌리는 것이 아니요 다만 밀이나 다른 것의 알갱이뿐이로되 하나님이 그 뜻대로 저에게 형체를 주시되 각 종자에게 그 형체를 주시느니라 육체는 다 같은 육체가 아니니 하나는 사람의 육체요 하나는 짐승의 육체요 하나는 새의 육체요 하나는 물고기의 육체라 하늘에 속한 형체도 있고 땅에 속한 형체도 있으나 하늘에 속한 자의 영광이 따로 있고 땅에 속한 자의 영광이 따로 있으니 해의 영광도 다르며 달의 영광도 다르며 별의 영광도 다른데 별과 별의 영광이 다르도다 죽은 자의 부활도 이와 같으니 썩을 것으로 심고 썩지 아니할 것으로 다시 살며 욕된 것으로 심고 영광스러운 것으로 다시 살며 약한 것으로 심고 강한 것으로 다시 살며 육의 몸으로 심고 신령한 몸으로 다시 사나니 육의 몸이 있은즉 또 신령한 몸이 있느니라 기록된 바 첫 사람 아담은 산 영이 되었다 함과 같이 마지막 아담은 살려주는 영이 되었나니 그러나 먼저는 신령한 자가 아니요 육 있는 자요 그 다음에 신령한 자니라 첫 사람은 땅에서 났으니 흙에 속한 자이거니와

둘째 사람은 하늘에서 나셨느니라 무릇 흙에 속한 자는 저 흙에 속한 자들과 같고 무릇 하늘에 속한 자는 저 하늘에 속한 자들과 같으니 우리가 흙에 속한 자의 형상을 입은 것같이 또한 하늘에 속한 자의 형상을 입으리라"(고전 15:36-49).

바울의 이 말을 들을 때, 사도 시대의 그리스도인이든 현재의 그리스도인이든 하나님의 자녀라면 누구나 미래에 대해 즐겁고 낙관적인 생각을 한다. 말세에 나타날 놀라운 구원을 기대하며 기다리는데 어찌 기쁘지 않겠는가?

우리는 이런 기쁨을 성경 전체에서 발견할 수 있는데, 특히 신약성경에서 마치 은종(銀鐘)처럼 울려 퍼진다.

영광스러운 모순

믿음 있는 사람은 비관적이고 우울한 삶을 살지 않는다. 그것이 하나님 자녀의 정상적인 삶이다. 기독교가 불가피한 것을 감수하는 우울한 종교라고 믿는 사람들이 어느 시대에나 있었다. 그러나 성령께서는 그리스도인으로 하여금 하나님의 약속 안에서 항상 기뻐하는 삶을 살게 하겠다고 약속하신다.

물론 그리스도인이 진지해야 할 때가 있으며, 우는 자들과 함께 울어야 할 때가 있다. 그러나 그리스도인은 마음의 평정을 잃지 않고 낙관적인 사람이 되어 소망 중에 기뻐할 수 있다. 왜냐하면 그런 사람은 이 세상이 줄 수 없는 장래의 놀라운 변화를 기다리기 때문이다.

베드로는 모순된 이야기를 한다. 즉, 순종하는 그리스도인은 큰 중압감과 시련과 고난 속에서도 크게 기뻐할 수 있다고 말이다. 하나님의 백성은 지금 이 땅의 일들이 결코 이상적인 것이 아님을 잘 알지만, 그렇다고 해서 이런 현실에 대해 근심하고 걱정하며 세월을 보내지는 않는다. 하나님께 구속(救贖)받은 사람은 하나님께서 자신들에게 주신 약속을 이루실 때 일어날 일들을 기대하며 기뻐하느라 근심할 시간이 없다.

이런 점을 생각할 때, 우리는 '영광스러운 모순'이라고 불릴 수 있는 요소가 그리스도인의 삶에서 발견된다고 말할 수 있다. 세상 사람들은 그리스도인의 삶에서 이런 요소를 발견하고는 매우 당혹감을 느낀다. 왜냐하면 그들이 보기에 참된 그리스도인은 정말 이상한 사람이기 때문이다.

내가 '그리스도인'이라는 말 앞에 '참된'이라는 말을 붙이는 이유는 두 가지이다. 첫째는 거듭남의 필요성을 강조하기 위해서이고, 둘째는 거듭남으로 인해 변화된 사람답게 살아가야 한다는 것을 강조하기 위해서이다.

나는 우리가 하나님을 기쁘시게 하는 삶을 살아야 한다고 역설하는 바이다. 그리스도인이 되려고 한다면 당신은 아주 다른 삶을 살아야 한다는 데 동의해야 한다. 그리스도께 순종하는 삶은 순간순간 하나님의 영(靈) 안에서 산다는 것을 의미한다. 당신이 이렇게 살면 과거의 삶과 너무 다른 삶을 살기 때문에 사람들에게 이상한 사람으로 취급당할 것이다. 심지어 당신의 주변 사람들은 당신에게 정신적인 문제가 생긴 것이 아닌가 하고 걱정할지도 모른다.

그런데 오직 이 세상의 관점으로 당신을 보는 사람들의 눈에만 당신이 이상한 사람으로 비칠 것이다. 왜냐하면 이 세상 사람들은 하나님과 하나님의 은혜로운 구속(救贖)의 계획을 전혀 모르기 때문이다.

이런 '영광스러운 모순'을 깊이 생각해보라. 그러면 참된 그리스도인이 세상 사람들의 눈에 왜 그토록 이상한 사람으로 보이는가 하는 의문에 더 이상 사로잡히지 않을 것이다.

그리스도인은 죽었지만 영원히 산다. 그리스도인은 자기 자신에 대해 죽었지만 그리스도 안에서 산다. 당신이 생명을 누리는 것은 다른 분, 즉 그리스도께서 당신을 위해 죽으셨기 때문이다.

기이한 존재

그리스도인은 자기 생명을 구하려고 할 때 그것을 잃는다.

하지만 그것을 잃을 때 오히려 다시 얻게 된다.

일어서려고 하는 그리스도인은 언제나 낮은 자리에서 시작해야 한다. 왜냐하면 하나님은 낮은 자를 일으켜 세우시기 때문이다. 이것은 상식으로는 이해할 수 없는 원리이다. 이런 원리는 이 세상의 지혜와는 반대되는 것이다. 왜냐하면 하나님의 어리석은 것이 이 세상의 어떤 것보다 지혜롭기 때문이다.

참된 그리스도인에게서 발견되는 또 다른 점이 있다. 죄를 짓고 싶은 마음이 들 때 그는 언제나 하나님께 굴복한다. 죄의 유혹이 찾아올 때 그는 그것에 맞서 맹렬히 싸우지 않고 오히려 하나님께 복종하기 때문에 총 한 번 쏘지 않고 상처 하나 입지 않고 승리를 거둔다. 그는 하나님께 굴복하기 때문에 다른 사람들에 대해서도 승리를 거둔다.

그리스도인에게서 발견되는 또 다른 이상한 점이 있다. 그것은 그리스도인이 가장 약할 때 가장 강하고, 가장 강할 때 가장 약하다는 것이다. 성도의 삶에 작용하는 하나님의 법칙이 있는데, 그것은 능력의 비결이 성도의 약함에 있다는 것이다. 자기가 강하다고 생각해서 스스로를 높일 때 성도는 언제나 약해진다. 그러나 자기가 약하다고 생각하여 무릎을 꿇으면 강해진다.

그리스도인은 가난할지라도 언제나 다른 사람들을 부유하게 만든다. 바울은 감옥에 갇힌 가난한 사람이었지만 온 세상을 무한히 부요하게 만들었다. 존 번연(John Bunyan, 1628~1688. 영국의 위대한 청교도)은 베드포드의 감옥에 갇힌 가난한 사람이었지만 우리에게 「천로역정」이라는 귀한 유산을 남겼다.

역사 속에 나타난 가난한 그리스도인들과 부자 그리스도인들을 잘 살펴보라. 그러면 부자 그리스도인은 대개 영적으로 가난했고, 가난한 그리스도인은 다른 사람들을 영적 부자로 만들었다는 사실을 알 수 있을 것이다.

참된 그리스도인은 자기가 가장 낮아졌다고 생각할 때 가장 높이 있으며, 가장 높이 있다고 생각할 때 가장 낮은 자리에 있다. 두려움에 쫓겨 하나님을 의지할 때 그는 가장 안전한 상태에 있는 것이다. 반면 자신감에 차 있을 때 그는 가장 큰 위험에 빠져 있는 것이다. 자기에게 죄가 많다고 생각할 때 그는 가장 죄가 적은 것이며, 자기에게 죄가 없다고 생각할 때 그는 가장 죄가 많은 것이다.

그렇다! 그리스도인은 이렇게 기이한 존재이다! 남들에게 가장 많이 베풀 때 그는 가장 많이 가진 자이며, 가장 많은 것을 독차지할 때 가장 적게 가진 자이다. 이것은 세상의 상식으로는 이해할 수 없는 모순이다. 우리가 이런 존재이기 때문에 세상 사람들은 우리를 별종으로 취급한다. 그들은 우리를 도저히 이해하지 못한다.

세상 사람들은 우리를 이해하려고 애쓰지만 그렇게 하지 못한다. 어떤 사람은 "나도 예수를 믿고 크리스마스와 부활절에 교회에 가지만, 내가 아는 저 열성적 그리스도인은 참으로 이해할 수 없다. 저 사람은 다른 사람들에게 많은 것을 주고도 자기가 부자라고 생각한다"라고 말한다.

이렇게 말하는 사람은 하나님의 복을 깨닫지 못한 사람이다. 하나님께서 십일조를 드린 그리스도인의 10분의 9에 복을 내리시면, 그 사람의 10분의 9는 하나님께 한 푼도 드리지 않은 사람의 10분의 10보다 더 많은 것이 된다.

그리스도인의 특이한 점이 또 있다. 아무 일도 하지 않을 때 그는 오히려 가장 많은 것을 이룰 수 있다. 때때로 하나님께서는 그를 옆으로 불러내어 "여기에 가만히 앉아 있어라"라고 말씀하심으로써 오히려 가장 많은 것을 이루신다. 때때로 그리스도인은 정지해 있을 때 오히려 가장 빨리 달린다. 왜냐하면 그 사람은 "가만히 있으면서 하나님의 구원을 보라"라는 세미한 음성을 듣고 믿기 때문이다.

구원의 현재성과 미래성

그리스도인의 일상생활에서 발견되는 중요한 원리 가운데

하나가 이것이다. 즉, 그는 지금 구원을 얻어서 밝은 얼굴로 "나는 구원 받았다!"라고 말할 준비가 되어 있으면서도 또한 장차 구원 얻기를 기다린다는 것이다. 그는 마지막 때에 나타나도록 준비가 되어 있는 구원을 계속 기다린다.

우리는 이 문제에 대해 생각해봐야 하는데, 그것은 "결론을 내려달라. 우리가 '지금' 구원을 얻는 것이냐 아니면 '장차' 구원을 얻을 것이냐?"라고 묻는 사람이 반드시 있기 때문이다.

물론 우리는 지금 구원을 얻는다. 하지만 우리는 장차 구원을 얻는다. 우리에게 생명이 있지만, 우리는 또한 하나님의 계획 가운데 드러날 완전함을 기다린다. 세상 사람들은 이것을 이해하지 못할 것이고, 그들은 이것도 당신의 광신의 일부라고 간주할 것이다. 그들은 참된 그리스도인을 향한 하나님의 구속(救贖) 계획을 알지 못한다.

이 땅에서 거듭나서 그리스도인이 된 우리가 한 번도 가본 적이 없는 다른 나라의 시민이라고 주장할 때, 세상 사람들은 우리의 말을 도저히 이해하지 못한다. 우리는 이 땅에서 거듭나지만 하늘나라의 시민이다.

성경의 분명한 교훈에 의하면, 우리는 비록 이 땅에서 두 발로 걸어 다니지만 사실은 우리 주 예수 그리스도 안에서 하늘에 앉아 있는 것이다. 물론 이것은 우리가 평일에 열리는 기도회에 참석하는 것을 두고 하는 말이 아니다. 이것은 그리스도를 믿고 그리스도 안에서 얻은 지위로 말미암아 우리가 하늘에 앉아 있다는 뜻으로 하는 말이다.

성도는 자기가 아무것도 아니라는 사실을 잘 안다. 그리고 자기가 할 수 있는 것은 아무것도 없다고 주께 겸손히 고백한다. 그럼에도 불구하고 성도는 주께서 자기를 눈동자처럼 아끼고 사랑하신다는 사실을 잘 안다.

어떤 비평가들은 "그리스도인들이 자신에 대해 말하고 또 자신과 하나님과의 관계에 대해 말할 때 그들은 자기들이 하나님께 제일 소중한 존재인 것처럼 말한다"라고 비판한다. 이렇게 말하는 사람들에게 나는 얼마든지 말할 수 있다. 하나님께서 자기를 눈동자처럼 아끼고 사랑하신다고 믿는 그리스도인들은 돈을 아낌없이 기부한다! 또 그들은 땅끝에 사는 민족에게 복음을 전하기 위해 선교사로 헌신하거나 아니면 자녀들을 선교사로 보낸다!

끝으로, 선한 그리스도인은 자기가 보지 못한 분을 사랑한다. 하나님을 경외하고 공경하면서도 그리스도인은 하나님을 결코 무서운 분으로 여기지 않는다.

많은 철학자들과 시인들은 사람들에게 "하나님은 선하신 분이므로 하나님을 두려워할 필요가 없다. 모든 것이 다 잘 될 것이니 걱정하지 말라”라고 격려한다. 그러나 그들의 이런 격려는 잘못된 것이다.

참된 그리스도인은 두렵고 떨리는 마음으로 하나님을 경외하고 공경하지만, 하나님을 무서워하지는 않는다. 그리스도인은 하나님 앞에서 거룩한 경외심과 두려움으로 떨지만 믿음과 승리의 확신 가운데 하나님께 가까이 나아간다.

하나님을 두려워하면서도 하나님께 가까이 가는 것은 믿음과 사랑에서 비롯된 태도이다. 이런 ‘거룩한 모순’을 보고 불신자들은 우리를 광신자라고 비웃는다.

장구한 역사 속에서와 마찬가지로 지금도 참된 그리스도인은 세상 사람들에게는 수수께끼 같은 존재요, 아담의 육체에 박힌 가시요, 천사들을 놀라게 하는 존재요, 하나님께서 기뻐하시는 자녀요, 성령께서 거하시는 전(殿)이다.

그리스도의 보혈로 씻음을 받고, 성령으로 거듭나 하나님 아버지와 동행하고, 그리스도의 부활로 거듭나 산 소망을 가지고 장래의 구원을 바라보며 즐거워하는 사람들이 있는가? 그런 사람들이 있다면 그들이 누구든, 어디에 있든, 무엇을 하든 간에 그들은 하나님의 자녀들이기 때문에 성도의 교제 안으로 들어와야 한다!

신랑을 맞기에 합당한 예복을 입고
온전한 사랑 안에 거하라

신부는 신랑을 맞기에 합당한 옷을 입기 원한다. 물론 신랑도 신부를 맞기에 합당한 옷을 입기 원한다.
예수 그리스도의 교회는 신랑이신 그리스도를 맞기에 합당한 옷을 입어야 한다.
주님이 교회를 맞기에 합당한 옷을 입으셨듯이 말이다.

"예수 그리스도의 나타나실 때에 칭찬과 영광과 존귀를 얻게 하려 함
이라"(벧전 1:7).

당신은 예수 그리스도의 나타나심에 대비하여 준비가 되어
있는가? 아니면 단지 그리스도의 오심에 대해 호기심만 가지고
있는가?

나는 당신에게 경고한다. 많은 설교자들과 성경 교사들이 장
차 하나님 앞에서 책임을 져야 할 것이다. 다시 말해서, 그리스
도의 재림에 대해 호기심 어린 사색만을 부추긴 것과 그리스도

의 재림을 사모해야 한다고 강조하지 않은 것에 대해 책임을
져야 할 것이다.

성경은 재림에 대한 현대인들의 지적(知的) 호기심이 옳은 것
이라고 말하지 않는다. 이런 호기심은 성경을 지적 유희의 대
상으로 삼을 뿐이다. 일부 설교자들과 성경 교사들은 예언에
대한 박식한 지식을 이용하여 순진한 청중을 현혹한다.

그리스도의 나타나심, 곧 예수님의 재림을 예언하는 성경구
절들은 도덕적 행동과 믿음과 영적 거룩함과 연결되어 있다.

우리는 그리스도께서 이 땅에 다시 오시는 사건을 호기심에
가득 차서 사색의 대상으로 삼아서는 안 된다. 이 사건을 오로
지 사색의 대상으로만 삼는다면 그것은 죄이다. 청중에게 도덕
적 적용을 하지 않고 단지 청중의 호기심을 자극하면서 이론으
로만 재림에 대해 설교하는 사람은 설교를 하면서도 죄를 짓는
것이다.

어리석은 이론들

단지 호기심에서 재림의 문제에 접근하는 사람들이 있었다.
그들이 어리석은 이론들을 제시했기 때문에 많은 신자들은 재
림에 대해 더 이상 생각하지 않고 관심을 갖지 않았다. 하지만
베드로는 예수 그리스도의 나타나심을 기대하라고 분명히 가

르쳤다(벧전 1:7 참조). 바울은 그리스도의 재림을 사모하는 사람들을 위해 의(義)의 면류관이 영광 가운데 준비되어 있다고 말했다. 사도 요한은 예수님 보기를 갈망하는 소망에 대해 말하면서 "주를 향하여 이 소망을 가진 자마다 그의 깨끗하심과 같이 자기를 깨끗하게 하느니라"(요일 3:3)라고 분명히 가르쳤다.

베드로는 우리의 믿음의 시험을 주님의 재림과 연관 지으면서 이렇게 말했다.

"그러므로 너희가 이제 여러 가지 시험을 인하여 잠간 근심하게 되지 않을 수 없었으나 오히려 크게 기뻐하도다 너희 믿음의 시련이 불로 연단하여도 없어질 금보다 더 귀하여 예수 그리스도의 '나타나실' 때에 칭찬과 영광과 존귀를 얻게 하려 함이라"(벧전 1:6,7).

'나타나심'(appearing)이라는 단어에 대해 살펴보자. 이 단어에는 중요한 의미가 담겨 있는데, 이 의미는 기독교 신학과 그리스도인의 삶에서 매우 중요하기 때문에 우리가 반드시 짚고 넘어가야 한다.

이 단어는 영어성경 흠정역(KJV)에서 예수 그리스도와 연관되어 자주 사용되는데, '나타나다', '나타났다' 또는 '나타나는'과 같이 여러 형태로 등장한다. 이 단어로 번역된 본래의 헬라어(아포칼룹토)는 약 7가지의 서로 다른 형태를 가지고 있다.

나타나심

이제 우리는 이 단어를 오직 예언과 연관 지어 살펴보려고 한다. 베드로가 베드로전서 1장 6,7절에서 이 단어를 예언과 연관 지어 사용하기 때문이다. 본래 헬라어의 7가지 형태들 중에서 3가지에 담긴 뜻은 "명백히 하다, (빛이) 비치다, 보여주다, 눈에 보이다, 출현, 도래(到來), 현현(顯現), 드러남(revelation)"이다.

내가 이것을 지적하는 이유는 베드로도 "너희 마음의 허리를 동이고 근신하여 예수 그리스도의 나타나실 때에 너희에게 가져올 은혜를 온전히 바랄지어다"(벧전 1:13)라고 말하기 때문이다.

혹시 당신이 영어성경 흠정역 번역자들에게 질문하고 싶은 것이 있을지 모르겠다. 하지만 그들은 모두 죽어서 이 땅에 없다! 아마도 당신은 "본래 헬라어의 비슷한 형태를 어찌하여 어떤 때는 '나타나심'(appearing)으로 번역하고, 또 어떤 때는 '드러남'(revelation)으로 번역했는가?"라고 묻고 싶을 것이다.

추측하건대, 그들이 어감의 미묘한 차이를 살리기 위해 이 두 표현 중에서 한 가지를 선택해야 했을지도 모르겠다. 아무튼 성경에서 동일한 의미를 전달하기 위해 이 두 표현이 서로 번갈아 사용된다고 보아도 무방할 것이다.

지나친 세분화를 경계하라

우리는 이 문제를 너무 엄밀하게 정리하려고 해서는 안 된다. 실제로 어떤 사람들은 성경을 이해하려고 할 때 무진장 애를 쓰는데 그것은 사소한 것들까지 너무 철저히 정리하려고 하기 때문이다. 그렇게 하는 것은 주님의 뜻이 아니다. 주님은 우리에게 한 단어의 미묘한 뉘앙스와 형태에 대해 이론을 만들고 교리적 해석을 내놓으라고 요구하지 않으신다.

사실 이단들이 이런 짓을 잘 한다. 성경의 예언을 깊이 파고드는 데 능한 이단들이 있는데, 그들은 '나타남', '드러남', '출현', '현현' 같은 단어들에 근거하여 교리 체계를 세운다. 이런 이단의 지도자들은 단어들의 미묘한 차이점에 관해 두꺼운 책을 쓰기도 한다.

얼마 동안 이런 문제에 대해 깊이 연구한 나로서는 이렇게 말할 수 있다. 즉, 만일 어떤 이단이 한 단어를 물고 늘어지면서 그것에 근거를 두고 교리 체계를 세운다면 그들의 주장을 거부하고 더 이상 생각하지 말라!

장구한 세월 동안 내려온 기독교 역사의 흐름에 뿌리를 두지도 않고 기존의 정통적 신학을 받아들이지도 않고, 단지 어떤 단어의 뉘앙스들을 파고들면서 주장을 펴는 자들이 있다면 그들을 단호히 물리쳐라!

왜 내가 이렇게 말하는가? 왜냐하면 성경은 이 세상에서 가장 이해하기 쉬운 책이기 때문이다. 다시 말해서, 성경은 영적인 사람에게는 가장 쉬운 책이지만, 육에 속한 사람에게는 가장 어려운 책이다. 자기들의 교리의 정당성을 입증하기 위해 단어들의 뉘앙스에 지나치게 의미를 부여하는 사람들이 있는데, 나는 그들을 완전히 무시한다. 특히 그들의 주장이 사도 시대부터 이제까지 내려온 전통적 기독교 교리와 어긋날 때는 더욱 그렇다!

성경을 읽고 설명하려고 할 때, 우리는 너무 완벽하게 하려고 하는 실수를 범하기 쉽다. 사실 이런 실수는 우리 삶의 구석구석에서 발견된다. 야구를 예로 들어보자. 야구 대회가 열리면 어떤 팀은 시합에서 이기기 위해 완벽한 플레이를 하려고 애쓴다. 하지만 그러다 보면 지나치게 긴장하고 초조해지기 때문에 오히려 실수를 연발한다. 그들은 시합에 자꾸 지니까 자기들에게 우승의 가능성이 없다고 판단하여 포기하고 긴장을 푼다. 그러다 보면 오히려 마음이 편해져서 갑자기 플레이가 잘 된다. 그들은 선수를 교체한 것이 아니라 단지 긴장을 풀고 완벽주의를 포기한 것이다.

너무 잘 하려다가 오히려 실패하는 경우가 또 있다. 젊은 설교자가 첫 설교를 하기 위해 설교단에 서는 것도 그런 경우이다. 설교단에 섰을 때 그는 근육이 굳어지고 목이 마르고 설교의 큰 줄기들이 생각나지 않는다(사실 나도 그랬다!). 설교를 잘하려고 너무 애쓰다보니 그렇게 되는 것이다.

이렇게 자기 힘으로 애쓴다고 해서 하나님나라에서 성숙해지는 것이 아니다. 하나님나라는 그런 식으로 얻을 수 있는 것이 아니기 때문이다. 그러므로 주님을 믿고 의지하고, 주께서 이루시는 일을 보라!

성경 해석의 경우도 마찬가지이다. 단어들의 미묘한 차이점을 물고 늘어지면서 성경 해석을 시도한다면 결국 잘못된 해석에 도달할 가능성이 매우 높다.

한 가지 가정해보자. 어떤 시카고 사람이 디모인(미국 아이오와 주에 있는 도시)에 있는 자신의 가족을 방문한다. 다시 시카고로 돌아온 그는 몇 장의 편지를 써서 자기가 아이오와 주에 갔던 일에 대해 언급한다.

한 편지에서는 그가 "나는 지난주에 디모인을 방문했다"라고 쓴다. 두 번째 편지에서는 "나는 지난주에 디모인에 갔다"라고 쓰고, 세 번째 편지에서는 "나는 지난주에 승용차를 타고 디모인으로 갔다"라고 쓴다. 그리고 네 번째 편지에서는 "나는 지난주에 디모인에서 내 형제를 만났다"라고 쓴다.

그는 이 편지들을 모두 봉하여 우편으로 보낸 다음 그것들에 대해 더 이상 생각하지 않는다.

그로부터 천 년이 지나서 한 무리의 해석자들이 이 네 통의 편지를 해석하겠다고 달려든다면 어떤 일이 벌어지겠는가? 특히 이 해석자들이 "성경에는 동의어들이 발견되지 않는다. 하나님나라와 하늘나라(천국)는 서로 다른 말이다"라고 주장할 정도로 사소한 것들을 물고 늘어지는 사람들이라면 말이다!

이 해석자들은 이런 해석을 내놓을 것이다.

"이 편지를 보낸 사람이 '나는 디모인에 갔다' 그리고 '나는 승용차를 타고 디모인에 갔다'라고 말했을 때 틀림없이 그는 특별한 것을 염두에 두고 있었다. 그러므로 그는 적어도 두 번은 여행한 것이 분명하다. 만일 그가 한 번만 여행했다면 그는 네 편지에서 모두 똑같은 표현을 사용했을 것이다. 그가 한 편지에서 '나는 디모인을 방문했다'라고 말한 것은 그만한 이유가 있었기 때문이다. 좀 더 구체적으로 말하면, 그가 자신의 형제를 만났을 때보다 더 오랜 시간 디모인에 머물렀기 때문에 그렇게 말한 것이다."

그러나 그는 디모인에 단지 한 번만 갔다! 그는 동일한 사건을 네 가지 표현으로 말할 수 있을 만큼 어휘를 잘 구사했을 뿐이다!

베드로가 '나타나심'이라는 표현을 사용한 것을 놓고 우리는 불필요하게 과민해져서는 안 된다. 성경에서 어떤 동일한 것을 표현하기 위해 어떤 곳에서는 이런 단어가 사용되고 또 다른 곳에서는 저런 단어가 사용되었다면 그것은 성령께서 진부한 분이 아니시라는 증거이다. 일부 성경 해석자들은 진부할지 몰라도! 하나님의 영(靈)께서 진부한 표현을 자꾸 사용하실 이유는 전혀 없다. 일부 설교자들은 진부한 표현을 밥 먹듯이 사용하기도 하지만!

그리스도는 장래에 이 땅으로 재림하실 것이다

그리스도의 나타나심은 주께서 명백히 나타나시고, 빛처럼 비추시고, 자신을 보이시고, 이 땅에 찾아오시고, 사람들에게 드러나시는 것을 의미한다. 이렇게 말하면 대부분의 사람들은 "그렇다면 예수님은 어디서 나타나실 것인가?" 라고 물을 것이다.

베드로가 주님의 나타나심에 대해 언급한 편지의 수신인들은 이 땅에 살고 있던 그리스도인들이었다. 성경을 영적으로 해석한다는 미명하에 이 사실을 부정할 수는 없다. 다시 말해서, 그의 편지의 수신인들은 천국에 있던 사람들이 아니라 이 땅에 있던 사람들이었다.

베드로는 이 땅의 그리스도인들에게 편지를 썼던 것이다. 좀 더 구체적으로 말하면, 시련과 박해 때문에 도처에 흩어져 있던 그리스도인들에게 편지를 썼다. 그는 그리스도께서 나타나실 때 그들의 믿음이 금(金)보다 더 귀한 것으로 드러날 수 있도록 그들에게 고난을 견디고 환난 중에 하나님을 의지하라고 권면했다.

상식적으로 판단할 때, 우리는 베드로가 자신의 편지를 이 땅에 있는 사람들에게 썼으므로 그리스도께서 이 땅에 나타나실 것이라고 결론을 내릴 수 있다. 그가 천상(天上)의 천사들에게 편지를 보낸 것이 아니다! 가브리엘 천사에게 말한 것이 아니라 이 땅에 살고 있는 당신과 나에게 말한 것이다!

또한 베드로는 그리스도의 나타나심이 장래의 사건이라고 밝혔다. 그가 지금으로부터 약 1900년 전에 편지를 썼는데, 그때를 기준으로 미래의 사건을 예언한 것이다. 주후 65년에 편지를 쓰면서 그는 그리스도의 나타나심이 주후 65년 이후에 일어날 것이라고 말한 것이다.

물론 베드로는 예수님이 요단강에서 세례 요한에게 세례를 받기 위해 나타나신 것을 가리켜 말한 것이 아니다. 왜냐하면 주께서 세례를 받으신 것은 이미 그때로부터 30년 전에 일어난 일이었기 때문이다.

예수님이 예루살렘에 나타나 사람들 가운데 다니시고 바리새인들과 장로들과 랍비들과 일반 사람들에게 말씀하신 일이 있지만, 이 일도 30년 전에 이미 일어난 일이었다. 유월절이 다가오자 사람들은 각처에서 돈을 가지고 성전에 이르러 그 돈으로 제사를 위한 소와 양과 비둘기를 사고 있었다. 그때 주님이 그곳에 갑자기 나타나셨다. 주님은 노끈으로 채찍을 만들어 돈 바꾸는 자들을 성전 밖으로 쫓아내셨다. 주님은 영광스런 모습으로 변모되어 몇몇 제자에게 보이신 적이 있고, 또 부활 후에 제자들에게 나타나셨다. 이렇게 주님이 나타나신 적은 많았다. 주님은 몸으로 친히 나타나신 것이며, 사람들이 눈으로 보고 알 수 있는 일들을 행하셨다. 주님은 인간의 몸을 입고 사람들 가운데 나타나셨다. 그러나 이런 모든 나타나심은 30년 전에 이미 일어난 일이다. 베드로가 말하는 예수님의 또 다른 나타나심은 미래에 속한 것이다.

베드로의 말에는 "너희 믿음의 시련, 고난, 순종, 십자가를 지는 것, 이런 것들이 결국 그리스도께서 나타나실 때 영광과 존귀를 너희에게 가져다주도록 너희가 준비하기를 원한다"라는 뜻이 담겨 있다.

그렇다! 우리 주님의 나타나심은 미래에 속한 것이다!

재림과 관련된 부끄러운 주장들

그리스도께서 2천 년 전에 자신을 희생제물로 드려 죄를 없이 하려고 나타나셨던 이후 주께서 나타나셨다는 증거는 어디서도 발견되지 않는다. 그런 증거를 제시하는 사람들이 있지만, 그들의 증거는 황당하고 부끄럽고 경멸스러운 것이다.

우리는 그리스도께서 자기에게 직접 나타나셨다고 말하는 사람들을 만나기가 쉽지 않다. 그런 사람들이 종종 있기는 하지만 그들은 대개 정신병원에서 세상을 떠나곤 한다. 많은 신종 이단들이 일어나 길거리를 돌아다니며 "내가 그리스도이다!"라고 말하기도 한다. 정신과 의사들은 자기가 예수 그리스도라고 주장한 사람들에 대한 조사를 담은 보고서를 수없이 작성하곤 한다.

우리 주 예수 그리스도는 아직 두 번째 나타나지 않으셨다. 만일 예수께서 두 번째 나타나신다면 그것은 신약성경에서 흔히 사용된 '나타나다'라는 단어의 뜻에 부합되는 형식을 취할 것이다. 다시 말해서, 예수님은 성전이나 요단강이나 변화산에서 나타나셨던 것처럼 나타나실 것이다. 부활 후에 제자들에게 나타나신 것처럼 나타나실 것이다. 사람들이 눈으로 보고 귀로 듣고 손으로 만져서 확인할 수 있는 인간의 모습으로 나타나실 것이다.

'나타나심'이라는 단어가 우리가 흔히 이해하는 그런 뜻으로 사용된 것이라면 그리스도의 나타나심은 거의 2천 년 전에 그리스도께서 이 땅에 나타나셨던 것과 별 차이가 없을 것이다.

처음 이 땅에 오셨을 때 예수님은 사람들 가운데서 행하셨다. 어린아이들을 품에 안으셨고, 질병으로 고생하는 사람들과 다리를 저는 사람들을 고치셨고, 사람들에게 복을 주셨고, 제자들과 함께 먹고 동행하셨다.

성경의 증거에 따르면, 주님은 과거에 나타나셨던 것과 똑같은 방식으로 나타나실 것이다. 예수님은 역시 사람으로서 오실 것이다. 물론 영광스러운 사람으로서 말이다! 사람들이 충분히 식별할 수 있는 사람의 형상으로 오실 것이다. 2천 년 전에 이 땅을 떠난 그 모습 그대로 오실 것이다.

이제 나는 역사 속에서 살다간 기독교 성도들의 간증에 대해 언급하겠다. 그들은 신령한 생활과 이해와 체험을 통해 그리스도를 알게 되었다고 간증한다.

마음이 깨끗한 자들이 하나님을 본다는 말은 맞는 말이다.

"예수님의 실재(實在)가 내게 너무 분명하기 때문에 나는 그리스도를 봅니다"라고 말하는 사람들이 반드시 있다.

나는 이렇게 말하는 사람들이 무슨 뜻으로 그렇게 말하는지 잘 안다. 그리고 이런 사람들이 있는 것에 대해 하나님께 감사드린다. 하나님께서 그들의 영적 이해력에 빛을 비추신 것이고, 그런 의미에서 그들은 하나님을 본 것이다. 예수님도 "마음이 청결한 자는 복이 있나니 저희가 하나님을 볼 것임이요"(마 5:8)라고 말씀하셨다.

믿음의 눈

우리의 믿음의 눈, 즉 우리의 영(靈)의 이해력이 성령의 조명을 받아 주님을 보는 것이 얼마든지 가능하다. 이렇게 보는 것은 면사포로 살짝 가린 것 같아서 선명하지는 않을 것이다. 장차 주님이 오셨을 때 주님을 보는 것처럼 분명하지는 않을 것이다. 하지만 우리가 마음의 눈으로 주님을 볼 수 있다는 것은 사실이다.

그리스도는 이런 의미에서 우리에게 나타나신다. 우리가 기도할 때 하나님께서 나타나시면 우리는 성령님의 임재를 느낀다. 그러나 이것은 베드로가 언급한 예수님의 재림과는 전혀 다른 것이다. 그가 말하는 그리스도의 나타나심은 빛이 비치는 것이요, 드러남이요, 갑작스런 도래요, 눈에 보이는 출현이다.

그리스도의 나타나심에 대한 베드로의 언급은 자기 나라 대통령이 사람들이 사는 동네에 나타났다고 보도하는 신문 기사와 비슷한 것이라고 이해하면 좋겠다. 그리스도의 나타나심에 대한 베드로의 언급은 몇 년 동안 집을 떠나 있다가 갑자기 나타나 가족을 기쁘게 한 병사의 귀향을 보도하는 신문 기사와 비슷한 것이라고 이해하면 된다. 주께서 이런 식으로 나타나신 적은 2천 년 전, 죄를 없애기 위해 나타나셨을 때를 빼고는 이제까지 단 한 번도 없었다.

요약해서 말하면 이렇다. 예수님이 베드로의 시대에 나타나신 것 말고 또 나타나시는 사건이 장차 일어날 것이다. 베드로의 말에 따르면, 주님은 이 땅에 있는 성도들에게 두 번째 나타나실 것이라고 한다. 그러므로 예수님의 첫 번째 나타나심과 마찬가지로 주님은 장차 이 땅에 살고 있는 자들에게 나타나실 것이다.

사랑하는 친구여! 이제까지 말한 것이 재림에 대한 성경의 교훈이다. 당신은 예수님의 재림을 기대해도 좋다. 베드로의 시대에 주님이 재림하지 않으셨지만, 성도들은 그리스도의 나타나심을 기대했고, 베드로는 그리스도께서 다시 오실 것이라고 분명히 말했다.

그리스도께서 육체로 처음 나타나시기 전에도 일부 사람들은 주님의 오심을 기대했다. 그들은 주님이 오실 것이라고 말했다. 하나님께서 하와와 뱀에게, 또 아브라함과 선지자들에게 그리스도가 자신의 희생제사를 통해 죄를 없이 하기 위해 나타날 것이라고 말씀하셨기 때문이다.

그러던 중 어느 날 예수님이 나타나셨다! 예수님은 환영(幻

影)이나 유령이 아니셨다. 옛날에 어떤 여자들이 유령 같은 복장을 하고 '영적 존재의 물질화'라고 부른 것이 있었는데, 그리스도의 나타나심이 그런 것은 아니었다. 그리스도께서 물질화하실 것이라는 예언은 성경에 나오지 않는다. 성경은 단지 그리스도께서 나타나실 것이라고 예언한다. 물질화와 나타나심은 전혀 다른 것이다!

성경은 물질화에 대해 언급하지 않는다. 성경은 그리스도의 재림에 대해 그리스도께서 물질화하실 것이라고 약속하지 않고, 그리스도께서 다시 나타나실 것이라고 약속한다. 그러므로 당신은 물질화라는 단어를 거부해도 좋다. 사실 이것은 강신술사(降神術師)들과 악마숭배자들이 제멋대로 사용하는 섬뜩한 단어이다. 물질화하기 위해서는 오늘의 영적 존재가 육체의 옷을 입고 내일 우리 가운데 걸어 다녀야 한다. 물질이 아닌 존재가 물질이 되는 것! 그것이 바로 물질화이다.

이런 기괴하고 섬뜩한 것들에 대해 호기심을 갖는 사람들이 언제나 있기 마련이다. 그러나 호기심 때문에 목숨을 잃은 고양이가 있다고 하는데, 많은 그리스도인들이 호기심 때문에 큰 해를 입었다. 강신술사나 악마숭배자 같은 사람들에서 볼 수 있는 것은 영성(靈性)이 아니고 기괴하고 섬뜩한 것이다. 내가 볼 때, 어떤 그리스도인들은 심령 세계에 관심을 갖고 초자연적인 것들을 추구하면서 그런 것들에서 편안함을 느낀다. 다시 말해서, 그들은 영매(靈媒), 괴상한 마법사, 초능력자에게서 편안함을 느낀다.

그러나 나는 그런 사람들에게서 편안함을 전혀 느끼지 못한다. 기괴하고 섬뜩하고 기분 나쁜 초자연적인 것들에서 어찌 평안을 느낄 수 있겠는가?

기괴하고 섬뜩한 것들을 엿보고 중얼거리는 사람들

그러나 성경에 따르면, 이런 것들을 살짝 엿보고 황당한 이야기를 중얼거리는 사람들이 있다고 한다. 나는 이런 사람들을 용납하지 않으며, 그들과 같이 있으면 마음이 불편하다. 하지만 이런 것들을 좋아하는 성향의 사람들이 분명히 있다. 이런 사람들은 회심했다 할지라도 하나님께 자기의 마음을 깨끗하게 해달라고 기도하지 않고 이런 것들을 교회 안으로 끌어들인다.

이런 일이 일어날 경우에 그들의 신학은 많은 신학적 엿보기와 중얼거림으로 구성된다. 이와 관련해서 나는 내 할머니에 대해 말하려고 한다. 내 할머니는 성경에 대해서는 많이 알지 못하지만 해몽 책을 열심히 읽었다. 할머니의 해몽 책은 책장 모서리가 접히고 손때가 묻어 있을 정도였다. 아침에 일어나면

커피를 마시기 전에 해몽 책을 보고 전날 밤의 꿈을 해몽할 정도였기 때문이다.

어떤 사람들은 꿈을 별로 많이 꾸지 않지만 할머니는 꿈을 많이 꾸셨다. 할머니가 아침마다 해몽 책을 펼친 것으로 볼 때 매일 밤 꿈을 꾸신 것으로 추정된다.

할머니의 해몽 책에는 영어 알파벳을 기준으로 하는 색인이 있었다. '사과'(apple)를 찾으려면 A란에서 찾으면 되었다. 할머니가 사과에 대한 꿈을 꾸었다면 A란을 찾아 해몽했다. 꿈에 '사탕무'(beet)를 보면 B란을, '시골'(country)을 보면 C란을, '얼룩말'(zebra)을 보면 Z란을 찾았다. 또한 할머니는 나름대로 '해몽을 위한 단어장'을 만들어 애용하곤 하셨다. 내 할머니의 이런 습관이 끔찍한 것이었다고 말해도 될까?

할머니가 매사에 쫓기듯 생활하신 것은 놀랄 일이 아니다. 해몽 책의 풀이에 따른 결과가 어떻게 될 것인지에 대해 고민하느라 대개 근심 걱정 속에서 사셨기 때문이다.

할머니는 체구가 작지만 빈틈없는 분이셨다. 열다섯 살 정도가 될 때까지 나는 거의 모든 것을 할머니에게 배웠다. 할머니와 나는 그만큼 가까웠다. 하지만 할머니가 '해몽을 위한 단어장'까지 만든 것은 내가 보기에도 할머니의 기행(奇行)이었다.

할머니께서 '해몽을 위한 단어장'을 만들 때 그것과 비슷한 어떤 것을 보고 흉내 내서 만들었는지 아닌지는 나도 잘 모르겠다. 아무튼 할머니는 개들이 짖는 것에 대해서까지 매우 예민한 반응을 보였다. 우리 집 창문 아래서 개가 짖으면 누군가 반드시 죽을 것이라고 내게 말씀하신 적이 한두 번이 아니었다.

이 점에 대해서 나는 이렇게 말하고 싶다. 만일 우리 집 창문 아래서 개가 짖을 때마다 사람들이 죽었다면 전국에 있는 장의사가 우리 집으로 몰려와 늘 진을 치고 있었을 것이라고! 내가 생각하기에 개들은 우리 집 창문 아래서 짖기를 좋아했고, 모기들은 내 방으로 들어오기를 좋아했고, 파리들은 내게 달려들기를 좋아했다!

사실 이런 놈들을 끌어당기는 매력이 내게 있는 것 같다. 그러므로 소위 심령 세계를 엿보고 그것에 대해 말 같지도 않은 소리를 늘어놓는 사람들의 주장이 옳다면 나는 벌써 환자복을 입고 정신병원의 골방에 갇혔을 것이다!

나는 그들의 황당한 이야기가 아무것도 아니라는 것을 잘 안다. 나는 그들에게 속아 넘어가지 않는 소박한 마음을 주신 하나님께 감사한다. 그들에게 속아 넘어갔다면 이 짧은 인생을 근심 걱정 속에서 보내고 있을 것이다.

이런 기질의 소유자이기 때문에 나는 사람들에게 자기의 사상과 이론을 주입하기 위해 도표를 펼치기 시작하는 예언 해석자들에 대해 내 나름대로의 느낌이 있다. 그들이 열변을 토하려고 할 때 나는 얼른 도망갈 길을 찾는다. 그들이 지극히 세부적인 것들을 물고 늘어지기 때문이다.

성경의 큰 그림을 보라

이런 사람들은 너무 작은 것들에 집착하는 경향이 있다. 이런 사람들은 '시스티나의 마돈나'(Sistine Madonna, 이탈리아 화가 라파엘로가 르네상스 전성기에 그린 그림)를 감상한다면서 현미경으로 성모 마리아의 발가락을 뚫어지게 쳐다보는 사람과 같다. 그렇게 작은 부분을 확대하여 그것에 집착하는 사람은 그 그림을 제대로 감상할 수 없다. 그 그림을 제대로 감상하려면 적당히 뒤로 물러서서 전체를 보아야 한다.

성경을 이해할 때도 마찬가지이다. 호기심에 쫓겨 사소한 것들에 집착하면 성경 해석이 벽에 부딪히기 때문에 그리스도의 재림의 큰 그림을 못 본다. 그렇게 되면 날마다의 삶에서 그리스도의 재림에 대한 소망을 얻지 못한다.

하나님의 말씀은 단지 그리스도의 재림에 대해 호기심을 가지라고 주어진 것이 아니라, 우리의 믿음과 영적 거룩함과 도덕적 실천이 성장하도록 하기 위해 주어진 것이다. 바울이 디모데에게 보낸 두 번째 편지에서 우리는 성경 전체에서 가장 은혜롭고 귀하다고 할 수 있는 말씀을 읽을 수 있다.

"하나님 앞과 산 자와 죽은 자를 심판하실 그리스도 예수 앞에서 그의 나타나실 것과 그의 나라를 두고 엄히 명하노니 너는 말씀을 전파하라 때를 얻든지 못 얻든지 항상 힘쓰라 범사에 오래 참음과 가르침으로 경책하며 경계하며 권하라 때가 이르리니 사람이 바른 교훈을 받지 아니하며 귀가 가려워서 자기의 사욕을 좇을 스승을 많이 두고"(딤후 4:1-3).

여기서 바울은 우리 주 예수 그리스도께서 다시 오셔서 산 자와 죽은 자를 심판하실 것이라고 경고하면서, 이 경고를 엄중한 명령으로 발전시킨다. 구체적으로 말해서, 그는 "너는 말씀을 전파하라 때를 얻든지 못 얻든지 항상 힘쓰라"(딤후 4:2)라고 명한다.

그리고 조금 후에 바울은 그리스도께서 다시 나타나실 때 일어날 일에 대해 좀 더 언급한다.

"내가 선한 싸움을 싸우고 나의 달려갈 길을 마치고 믿음을 지켰으니 이제 후로는 나를 위하여 의의 면류관이 예비되었으므로 주 곧 의로우신 재판장이 그날에 내게 주실 것이니 내게만 아니라 주의 나타나심을 사모하는 모든 자에게니라"(딤후 4:7,8).

면류관을 받는 자들

사랑하는 자여! 여기서 우리가 분명히 알 수 있는 것이 이것이다. 즉, 면류관을 받는 자들은 그리스도의 나타나심을 사모하는 자들이라는 것이다!

내가 이런 이야기를 하니까 어떤 사람들은 기다렸다는 듯이 "그러니까 전천년설(천년왕국 이전에 그리스도께서 재림하실 것이라고 보는 교리)을 믿는 사람은 누구나 의(義)의 면류관을 받는다는 것 아닌가?"라고 말할 것이다.

내 이야기는 결코 그런 뜻으로 하는 말이 아니다. 내 말은, 주님의 나타나심을 사모하는 사람들이 의의 면류관을 받는다는 것이다!

이런 이야기가 나왔으니 내 솔직한 생각을 말하겠다. 전천년설을 믿고 그것을 주장하기 위해 논쟁을 벌일 수 있는 사람들이 겸손과 헌신과 하나님을 향한 굶주림으로 충만하여 주님의 임박한 재림을 사모하고 기대하는 사람들 중에 속할 수 있을지 없을지 나도 아리송하다. 솔직히 말해서, 나는 우리가 이 재림의 문제에 있어서 이미 잘못된 길로 깊숙이 들어와 있다고 생각한다. 그리스도의 재림에 대해 설교해야 할 필요성을 느끼는 목회자들이 왜 그토록 적은가? 재림의 문제가 나오면 왜 목회자들이, 채색된 도표와 실물교육과 특이한 성경 해석을 무기로 삼아 전국을 돌아다니며 자기들의 주장을 펴는 사람들을 의지해야 하는가?

우리는 "그가 나타내심이 되면 우리가 그와 같을 줄을 아는 것은 그의 계신 그대로 볼 것을 인함이니"(요일 3:2)라는 사도 요한의 증거를 믿어야 한다.

사랑하는 자여! 우리는 이제 하나님의 자녀이다. 하나님의 아들 예수 그리스도를 믿기 때문이다. 우리가 그리스도를 믿고 하나님을 의지하지만, 우리가 장차 어떻게 될지는 아직 드러나지 않았다. 그러나 확신하건대, 그리스도께서 나타나시면 우리가 주님처럼 될 것이다. 왜냐하면 우리가 주께서 계신 그대로 주님을 볼 것이기 때문이다.

그래서 사도 요한은 "주를 향하여 이 소망을 가진 자마다 그의 깨끗하심과 같이 자기를 깨끗하게 하느니라"(요일 3:3)라고 분명히 말한다. 여기서 요한은 "… 가진 자마다"라고 강조한다. 다시 말해서, 한 사람도 예외가 없다는 것이다. 주님을 향하여 재림의 소망을 가진 사람은 누구나 그리스도의 깨끗하심을 본받아 자기를 깨끗하게 한다는 것이다!

주 예수 그리스도께서 오시기를 기대하고 순간순간 그것을 기다리고 사모하는 사람들은 열심히 자기를 깨끗하게 할 것이다. 이런 사람들은 재림에 대한 복잡한 논쟁이나 사색에 몰두하지 않고 오히려 자기를 깨끗케 하면서 재림에 대비할 것이다.

이와 관련해서 예를 한 가지 들겠다. 결혼식이 시작되려고 하는 상황에서 신부가 옷을 입는다. 그녀의 어머니는 긴장하고 있으며, 그녀의 친척들과 주변 사람들은 그녀가 드레스를 제대로 입을 수 있도록 돕는다. 왜 이 모든 사람이 관심을 갖고 긴장하며 애를 쓰는가?

조금 후면 주례자 앞으로 가서 신랑을 만날 신부가 모든 준비를 완벽하게 하도록 돕기 위해서이다! 심지어 신부는 걸음걸이조차 조심스럽다. 웨딩드레스와 면사포가 조금도 흐트러지지 않도록 하기 위해서 말이다. 그녀가 이렇게 준비하는 것은 주례자 앞으로 가서 신랑을 만날 일을 기대하기 때문이다.

성령의 감동을 받아 사도 요한은 이렇게 말한다. 그리스도를 향해 재림의 소망을 가진 사람은 자신을 깨끗이 하면서 준비한다고 말이다. 어떻게? 그리스도의 깨끗하심과 같이!

신랑을 맞기에 합당한 예복을 입자

신부는 신랑을 맞기에 합당한 옷을 입기 원한다. 물론 신랑도 신부를 맞기에 합당한 옷을 입기 원한다. 예수 그리스도의 교회는 신랑이신 그리스도를 맞기에 합당한 옷을 입어야 한다. 주님이 교회를 맞기에 합당한 옷을 입으셨듯이 말이다. 교회는 주님이 깨끗하신 것처럼 깨끗해야 한다.

우리는 그리스도께서 반드시 나타나실 것이라고 확신한다. 물론 그 일은 하나님의 때에 일어날 것이다. 많은 사람들은 주님이 곧 오실 수도 있다고 믿는다. 주님이 오시기 위해 그 전제 조건으로 이 땅에서 어떤 일이 이루어져야 하는 것은 결코 아니라고 그들은 믿는다.

예수께서 처음 이 땅에 오신 사건과 십자가와 부활 사건을 제외한다면 주님의 재림은 세계 역사상 가장 큰 사건일 것이다. 우리는 예수님의 두 번째 나타나심이 앞으로 일어날 일들 가운데 가장 큰 사건이라고 자신 있게 말할 수 있다. 베드로는 "예수를 너희가 보지 못하였으나 사랑하는도다 이제도 보지 못하나 믿고 말할 수 없는 영광스러운 즐거움으로 기뻐하니"(벧전 1:8)라고 말한다.

세상에 속한 자는 하나님의 영광을 기뻐하지 않는다. 그러나 그리스도를 향해 재림의 소망을 가진 자는 그 기쁨이 어떤 것인지를 안다. 왜냐하면 그런 사람은 하나님이 깨끗하신 것처럼 자기를 깨끗하게 하기 때문이다.

네 주인은 누구인가

초판 1쇄 발행	2009년 7월 10일
초판 9쇄 발행	2022월 2월 28일

지은이	A. W. 토저
옮긴이	이용복

펴낸이	여진구		
편집	이영주 정선경 최현수 안수경 김도연 최은정 김아진 정아혜		
디자인	마영애 노지현 조은혜		
기획·홍보	김영하	해외저작권	진효지
마케팅	김상순 강성민 허병용	마케팅지원	최영배 정나영
제작	조영석 정도봉	경영지원	김혜경 김경희

303비전성경암송학교 유니게과정　박정숙 최경식
이슬비전도학교 / 303비전성경암송학교 / 303비전꿈나무장학회　여운학

펴낸곳	규장

주소　06770 서울시 서초구 매헌로 16길 20(양재2동) 규장선교센터
전화　02)578-0003　팩스　02)578-7332
이메일　kyujang0691@gmail.com　　홈페이지　www.kyujang.com
페이스북　facebook.com/kyujangbook　　인스타그램　instagram.com/kyujang_com
카카오스토리　story.kakao.com/kyujangbook
등록일　1978.8.14. 제1-22

ⓒ 한국어 판권은 규장에 있습니다.
이 출판물은 저작권법에 의해 보호를 받는 저작물이므로 무단 전재와 무단 복제를 할 수 없습니다.

책값　뒤표지에 있습니다.
ISBN 978-89-6097-123-3 03230